嵩山

SONGSHAN

第一辑

嵩山论坛 主办

《嵩山》编委会 编

大象出版社

图书在版编目(CIP)数据

嵩山．第1辑／《嵩山》编委会编．— 郑州 ：大象出版社，2015．9

ISBN　978-7-5347-8566-5

Ⅰ．①嵩…　Ⅱ．①嵩…　Ⅲ．①中华文化—文集　Ⅳ．①K203-53

中国版本图书馆CIP数据核字（2015）第211291号

嵩山
第一辑

出 版 人　王刘纯
责任编辑　孙　波
责任校对　毛迎娟　裴婧慧
书籍设计　杜晓燕　王晶晶　付锬锬

出版发行　大象出版社（郑州市开元路16号　邮政编码　450044）
发行科　0371-63863551
总编室　0371-65597936
网　址　www.daxiang.cn
印　刷　郑州新海岸电脑彩色制印有限公司
经　销　全国新华书店
开　本　890mm×1240mm　1/16
印　张　8.25
字　数　232千字
版　次　2015年9月第1版　2015年9月第1次印刷
定　价　36.00元

若发现印、装质量问题，影响阅读，请与承印厂联系调换。
印厂地址　郑州市文化路56号金国商厦七楼
邮政编码　450002　　　　电话　0371-63944233

万川一月（代序）

张广智

文明是人类所创造的物质财富和精神财富的总和。古埃及、古巴比伦、古印度和中国孕育了人类古老的文明，彼此交相辉映、相得益彰，为人类文明进步做出了重要贡献。

过去的五百年，人类社会进入了一个崭新的全球化时代。经济全球化的快速推进，科学技术的迅猛发展，交通通信技术的快速进步，缩短了国家和地区间的时空距离，把世界联结成了一个真正的整体。人类面临的一系列关系到共同利益的全球性问题，依靠任何单一力量都难以解决，必须通过各国人民共同努力去实现。在这样深刻的变化中，开展不同文明之间的对话，超越自我中心的认识囹圄，尊重、承认、理解多元化文明的存在，对于增进各国人民之间的相互理解，进行国际合作，维护世界和平与稳定具有重大的现实意义。

“一月照万川，万川总一月”，古人的智慧和历史的经验告诉我们，和平与发展的共同事业才是世界的主题，交流与互鉴的共同价值才是文明的要义。人类只有一个地球，各国共处一个世界，开展世界多元文明对话交流，构建人类命运共同体，是世界多元文明在全球化时代的发展潮流。

嵩山论坛由中国国际文化交流中心、中国文物学会、北京大学高等人文研究院、河南省华夏历史文明传承创新基金会等联合主办。在“华夏文明与世界文明对话”的总主题下，自2012年起，历经“从轴心文明到对话文明”“人文精神与生态意识”“天人合一与文明多样性”等一脉相承的年会主题，会聚来自世界各地各种文明的政治、经济、社会、文化、历史、哲学、宗教等领域的精英人物，开展不同文明的互动和交流，维护世界文化的多样性，增进各国人民之间在文化上的相互理解、相互尊重，在和睦相处中共同发展，为建设和谐社会、和谐世界做出积极的贡献。嵩山论坛正逐步成长为世界文明的交流平台、华夏文明的传播中心、河南对外开放的窗口和文化产业发展的基地。

嵩山山高，黄河水长。华夏文明，河洛永光。嵩山河洛地区是五千年华夏历史文明的生发原点，是华夏先民最早活动的地方，诞生了中国第一个王朝——夏；嵩山河洛地区是“中国”“中华”等词语的源出地，是中华民族心灵上的“天地之中”；嵩山河洛地区是中国传统文化三教融合的荟萃圣地，佛教在这里中国化，中国在这里多元化。可以说，“嵩山论坛——华夏文明与世界文明对话”正是对嵩山“居中致和”、协和万邦的对话文化的传承与创新。嵩山文化的根源性、原创性、包容性、开放性和基础性，足以让其成为华夏文明核心精神的代表，也足以让嵩山论坛真正成为扎根河南放眼世界的全球文化开放平台。

本着“天地之中观乎人文，继往开来化成天下”的宗旨，嵩山论坛主办并组织编写《嵩山》系列图书，全面展示华夏文明与世界文明对话以及华夏历史文明传承创新的成果，以更好地促进嵩山论坛思想传播和理论转化，让专注世界文明对话的嵩山话语不仅传之名山，更能行之当世，以求华夏历史文明更广之传承、更多之创新，以求人类命运共同体更快之推进，世界各国民心相通更好之建立。

世界的和平与发展事业无比崇高，文明对话交流事业永无止境。前进的道路不会一帆风顺，期望的成果不会唾手可得。不管征程多么曲折、多么漫长，胜利总是属于那些永不放弃、百折不挠、携手前行的人们。《嵩山》将继此而求教于读者。

（作者系河南省人民政府副省长、嵩山论坛组委会主任）

目　录

Contents

汉代丝绸之路的开拓与中外交流途径

撰文　石云涛（北京）

西汉都城长安西郊有上林苑，置上林尉。汉文帝至上林苑，“问上林尉诸禽兽簿，十余问，尉左右视，尽不能对”。这个记载反映了管理上林苑的官员的失职，也说明苑中禽兽数量之多。汉武帝时上林苑周围扩展至二百多里，苑中养着来自域外的狮子、孔雀、大象、骆驼、汗血马和成群的珍禽异兽，种植着来自域外的奇花异草、瓜果树木。苑中离宫别馆数十处，其中建章宫有奇华殿，“四海夷狄器服珍宝”充塞其中。其他宫殿里都有来自域外的奇珍异宝，种植着异域的植物。“离宫别观旁尽种蒲萄、苜蓿极望”。这些反映域外产品成为汉代社会生活的重要内容。汉代是中外文化交流史上第一个高潮时期，然而汉代传入中国的域外产品究竟有哪些？这些域外产品又是如何传入中国的？这是值得探讨的。古代文化交流的途径与近现代极不相同，汉代中外交流的动因和途径有其特殊性。

一

汉代与域外大规模的交往和交流是从汉武帝时代开始的，整个中外文化交流史也是如此。在汉朝经过六十多年休养生息，经济发展和国力强盛之时，汉武帝及时改变了统治方针，变无为为有为，开拓进取，成功扭转了北方被动挨打的局势；向西、西南、南和东北方向扩展势力，其气魄之雄伟史无前例。其开疆拓土和对外交往的辉煌功业，开创了中外交通与文化交流的新局面。中外交往不断扩大，造成了周边民族和域外国家的内属和入贡，同时带来了大量异域物产的输入。历来把汉代域外文明的输入归功于汉武帝的开疆拓土。汉宣帝《褒先帝诏》颂扬汉武帝的功业云：“孝武皇帝躬仁谊，厉威武，北征匈奴，单于远遁；南平氐羌、昆明、瓯骆两越；东定薉、貉、朝鲜，廓地斥境，立郡县，百蛮率服，款塞自至，珍贡陈于宗庙。”

张骞出使西域这个中外文化交流史上具有划时代意义的重大事件，跟汉朝对匈奴的战争有关。汉代建立之初，由于匈奴的强盛，阻断了中西交通的开展，造成中原地区与西域的隔绝。汉武帝为了拉拢大月氏和乌孙以夹击匈奴，达到“断匈奴右臂”的目的，先后两次派张骞出使西域，打开了中西交通的隔绝状态，从而成就了伟大的“凿空”之举，“西北国始通于汉矣”。汉朝通过河西走廊进入西域，越过葱岭进入中亚、西亚、南亚甚至埃及的道路逐渐走通。张骞出使西

张骞出使西域 敦煌壁画 初唐

域之后，卫青、霍去病等率军进击匈奴获胜和李广利远征大宛对于中西交通的开展都具有重要意义。《汉书·西域传》云：“汉兴至于孝武，事征四夷，广威德，而张骞始开西域之迹。其后骠骑将军击破匈奴右地，降浑邪、休屠王，遂空其地，始筑令居以西，初置酒泉郡，后稍发徙民充实之，分置武威、张掖、敦煌，列四郡，据两关焉。自贰师将军伐大宛之后，西域震惧，多遣使来贡献，汉使西域者益得职。”

汉武帝平南越后，汉朝使节出太平洋，进入印度洋，来到了印度和斯里兰卡，与东来的罗马人共同完成了东西方海上交通的连接。平南越的战争使汉朝获得大量沿海地区的物产，而且为此后的海外贸易活动创造了条件。因此讲到汉代中西间海上交通，《汉书·地理志》云：“自合浦、徐闻南入海，得大州，东西南北方千里，武帝元封元年略以为儋耳、珠崖郡。……自日南障塞徐闻、合浦船行可五月，有都元国，又船行可四月，有邑卢没国；又船行可二十余日，有谌离国；步行可十余日，有夫甘都卢国。自夫甘都卢国船行可二月余，有黄支国，民俗略与珠厓相类。其州广大，户口多，多异物，自武帝以来皆献见。”

汉朝对匈奴战争的胜利，使东北亚和西域各民族纷纷归附汉朝。元封三年（前108年），汉武帝派遣的水陆两路大军，夹击王险城。卫右渠被他的部下所杀，卫氏朝鲜灭亡。汉武帝灭了卫氏朝鲜后，在其管辖地先后设置了乐浪、临屯、玄菟和真番四郡。声威所及，远在乐浪之外的海岛国家日本也向汉王朝称臣纳贡，“乐浪海中有倭人，分为百余国，以岁时来献见云”。日本感受到汉文化的巨大魅力，开始遣使入贡，踏上有意识向中国学习的道路。

汉武帝还努力开通“西南夷道”和“灵山道”，加强了与西南各民族的联系。其开疆拓土和对外交往的辉煌功业，开创了中外交通与交流的新局面。从此中外交往不断扩大，造成了周边民族和域外国家的内属和入贡，同时带来了大量异域物产的输入。从丝绸之路发展史看，汉武帝时代是开拓时期，中外文化交流经过数千年的发展，至此才形成规模，为此后的发展奠定了基础。

汉武帝开创的事业，后世发扬光大，两汉与域外的交往不断扩大，中外交流取得前所未有之成就。东汉时对匈奴战争的胜利和对西域的经营，保证了丝绸之路的通畅，发展了与西南夷、朝鲜、日本、东南亚、南亚、西亚以及大秦的关系，让东汉王朝获得更多的域外珍奇。故《后汉书・和帝纪》传论云："自中兴以后，逮于永元，虽颇有弛张，而俱存不扰，是以齐民岁增，辟土世广。偏师出塞，则漠北地空；都护西指，则通译四万。"这种成就不仅是赫赫武功事征四夷的结果，也是文教德治的辉煌成果。汉民族的先进文明吸引周边民族和域外国家倾心仰慕和学习，纳贡称臣。班固《东都赋》、张衡《东京赋》、马融《广成颂》、李尤《辟雍赋》都强调汉朝的文治武功，吸引了周边四夷称臣入贡，从而获得域外的文明成果。它们概括了汉代强盛四夷纳贡的盛况以及域外文明输入的内容和途径，但并不全面。

二

古代中外文化交流的内容和途径非常复杂。法国汉学家布尔努瓦这样描述："矿物、植物、动物在20个世纪之前是怎样从一个国家传到另一个国家呢？某些植物是通过近邻关系而几近于自动传播的。另一些产品是通过使节之手而从一个地区逐渐地传到另一个地区的，如作为'贡物'或'礼物'，或者是通过商贾们的媒介作用。这些传播有时具有军事的原因，或者是与经济实力的迫切需要有关，通过权力和暴力、劫持或绑架、抢劫而完成，还有某些传播是通过阴谋诡计而走私完成的；最后，某些传播又是通过王室通婚而完成的。"其说不免笼统或片面，但也说明了古代文化交流途径的复杂性。

贸易本身是互通有无的经济活动，国际间的贸易是世界上各个国家、地区和民族间文化交流的主要途径。古代贸易有两种形式，一是国家政府组织的贸易，二是商人经营的个体贸易，其共同特点都是物质交换，汉代中外商人共同完成了这种交换。在漫长的历史时期内，丝绸之路上奔波着无数的商人和商队。"天下熙熙，皆为利来；天下攘攘，皆为利往"是对商业目的的准确概括。"利"趋使着历代无数的商人或商队在极其艰苦的条件下进行商品贩运，同时促进了彼此间的文化交流。在相当长的历史时期内，中国的丝绸是世界各地各个民族共同喜欢的产品，丝绸贸易开辟了世界上最长的一条商道，带动了中外物质文化的交流。不仅物质文化产品，精神文明产品同样是历代商人贩卖的对象，商人贸易与文化交流也是密切相关的。

汉代中外贸易活动大规模的开展是从汉武帝时代开始的，按照《史记・大宛列传》记载，张骞出使西域，了解到西域各国对中国丝绸的喜爱和渴求，同时也了解到中国所需要的西域各国的物产，汉与西域的贸易随之出现了前所未有的兴盛局面。来往于丝绸之路上的外国商使络绎不绝，"西北外国使，更来更去"；汉朝往西去的"使者相望于道。诸使外国一辈大者数百，少者百余人……汉率一岁中使多者十余，少者五六辈。远者八九岁，近者数岁而返"。而在汉朝平南越之后，汉朝商使便冒风波之险，经海路西行，远至印度、斯里兰卡从事商贸交换活动，"有译长，属黄门，与应募者俱入海市明珠、璧流离、奇石异物，赍黄金，杂缯而往。所至国皆禀食为耦，蛮夷贾船，转送致之"。

西汉焦延寿卜筮书《易林》中卜辞有云："东市齐鲁，南贾荆楚，羽毛齿革，为吾利宝。"实际上是当时东西奔走南北往来的商人活动的反映。《汉书・地理志》记载粤地："处近海，多犀、象、毒冒、珠玑、银、铜、果、布之凑，中国往商贾者多取富焉。"这些物产有的来自海外，中国内地商人往南方沿海地区经商，把这些海外输入的珍货转手贩卖到中原地区，以此致富。在与朝鲜半岛的交往中，汉朝商业活动也深入到今朝鲜境内的汉四郡："郡初取吏于辽东，吏见民无闭臧。及贾人往者，夜则为盗，俗稍益薄。"商人唯利是图的行为破坏了那里一向淳朴之风。汉与匈奴之间尽管不断发生军事上的冲突，但边境地区长期存在互市贸易。汉景帝时，"复与匈奴和亲，通关市，给遗匈奴"；汉武帝即位，"明和亲约束，厚遇，通关市，饶给之"。在各关口都有所谓"关市"，这是汉地与匈奴百姓之间交易的固定场所，农耕与游牧民族间必需的物质交换得以正常进行，汉朝从互市中获得匈奴的骆驼、马、牛、羊等草原地区产品。马邑之战中穿插活动于汉匈之间的聂壹就是一位在汉地和匈奴交界地区经商的人。汉与匈奴和亲关系破裂，双方进行军事对抗，"然匈奴贪，尚乐关市，嗜汉财物，汉亦尚关市，不绝以中之"。原因是这种边境互市对双方都是有利的。不仅与匈奴如此，汉与周边民族都存在互市贸易。《后汉书・乌桓鲜卑列传》记载，汉与乌桓"岁时互市"，与鲜卑"通胡市，因筑南北两部质馆"。

使节往还是国家、政府之间的官方交往活动，这种活动具有政治、经济、军事和文化等多方面的性质。在这种交往中双方会互赠礼品，这些礼品往往都是代表本国特色的物品。

这是古代各个国家和民族间文化交流的一条重要渠道。中国地大物博，又是世界上最文明的国家之一，因此在这种交往中很早就形成优势地位，中国人很早就形成文化上的优越感。古代统治者往往以大国天子自命，在与异域交往中取居高临下之姿态，视周边和域外民族为“四夷”，把其他国家和民族来访称为“朝”，称出访其他国家和民族为“使”；其他国家和民族向汉朝赠送礼品称为“贡献”，把赠送其他国家和民族礼品称为“赏赐”。汉武帝追求的政治理想是“日月所烛，莫不率俾。周之成康，刑错不用，德及鸟兽，教通四海。海外肃慎，北发渠搜，氐羌徕服”，四夷入贡是“教通四海”的象征。

张骞出使西域、汉武帝平南越和灭卫氏朝鲜之后，与周边各民族和国家交往频繁，汉朝在这种朝贡中获得不少域外珍奇。据汉代文献记载，自汉武帝以后，屡有称周边民族和域外国家来献的记载。《汉书·武帝纪》记载，元狩二年（前121年）夏“南越献驯象、能言鸟”。元狩六年（前117年），“冬十月，赐……蛮夷锦各有差”。李广利伐大宛获胜，汉之声威震动西域。《汉书·武帝纪》记载，天汉元年（前100年）“匈奴归汉使者，使使来献”；二年秋，“渠黎六国使使来献”。《汉书·西域传》记载，楼兰国“降服贡献”；罽宾国“遣使献”，

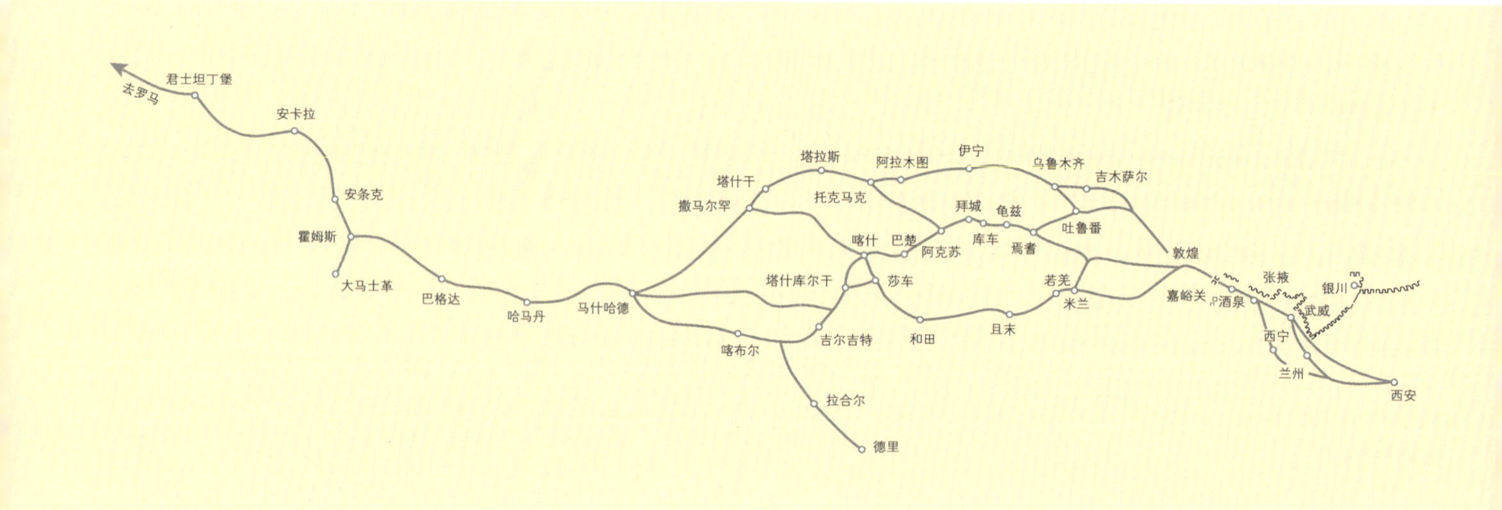

古丝绸之路路线示意图 陈庆功制图

"罽宾实利赏赐贾市，其使数年而一至"；安息国"以大鸟卵及犁靬善眩人献于汉"；康居"遣子侍汉，贡献"；大宛"岁献天马二匹"；乌孙"发使送骞，因献马数十匹报谢"，"使使献马"。经过汉武帝以来的军事打击，匈奴日益衰落，因此对汉称臣。匈奴使节入朝，向汉朝贡献，并恢复和亲关系。宣帝神爵二年（前 60 年），"匈奴单于遣名王奉献，贺正月，始和亲"。"呼韩邪单于款五原塞，愿奉国珍朝三年正月。"这件事被汉朝大臣视为"自古未之有也"的大事。此后匈奴单于来皆称"来朝"。

东汉时南匈奴降汉，北匈奴日益衰落，则"遣使称臣，诣敦煌奉献"。击灭匈奴之后，汉朝在亚洲处于中心地位，与当时欧亚大陆上贵霜王国、安息王国和大秦王国成为政治舞台上四大帝国，不仅与这些强大帝国发生交往，而且接受周边各落后和弱小国家的入朝贡献。东汉时"四夷来宾，虽时有乖畔，而使驿不绝"。由于汉朝掌握了西域的控制权，丝绸之路通畅，因此西域国家向汉朝"贡献"更加频繁，汉朝由此得到更多的外来器物产品。在西域国家中，乌孙最早与汉朝建立友好关系，并发展为和亲关系。哀帝元寿二年（前 1 年）"春正月，匈奴单于、乌孙大昆弥来朝"。这件事"汉以为荣"。汉朝置西域都护以后，西域国家更多地入汉朝贡，"其来贡献则相与报"。

除了西域，东亚、东北亚、东南亚和南亚诸海外国家，甚至远至西亚的安息、欧洲的大秦，皆有贡献之举。东汉时日本"使驿通于汉者三十许国"。《后汉书·光武帝纪》记载，建武中元二年（57 年）正月，"东夷倭奴国王遣使奉献"。此后这类事件屡见记载。如《后汉书·安帝纪》记载，永初元年（107 年）"冬十月，倭国遣使奉献"。东北亚诸族扶余、高句骊、东夷韩国等屡有奉献。永初三年（109 年）正月，"高句骊遣使贡献"。南方海外国家来访赠送礼品，亦称"献"。平帝时，王莽秉政，为了炫耀威德，吸引域外国家入贡，"元始元年春正月，越裳氏重译献白雉一，黑雉二"；元始"二年春，黄支国献犀牛"。包括今缅甸境内的西南夷从东汉初便臣服贡献。《后汉书·明帝纪》记载，永平十七年（74 年），"西南夷哀牢、儋耳、僬侥、槃木、白狼、动黏诸种，前后慕义贡献；西域诸国遣子入侍"。西域极远之大秦国亦遣使贡献。《后汉书·桓帝纪》记载，延熹九年（166 年）九月，"大秦国王遣使奉献"。章怀太子注："时国王安敦献象牙、犀角、玳瑁等。"《后汉书·西域传》记载，班超遣甘英西使归来后，"远国蒙奇、兜勒皆来归服，遣使贡献"。《后汉书·灵帝纪》记载，灵帝熹平二年（173 年）"冬十二月，日南徼外国重译贡献"；"三年春正月，夫余国遣使贡献"。西域诸国在东汉时都"遣子入侍"，朝贡不断。至献帝建安七年（202

《丝绸之路》 谢振瓯绘画
丝绸之路是对话之路，在近两千年的历史中，推进了沿线商贸往来、政治邦交、文化交流。

年），中原大乱，“于阗国献驯象”。史书上记载各国入贡或奉献的贡物，有的明言何物，有的只是笼统交代，因此我们并不清楚每次进献的贡物是什么，只能从其国物产的记载中了解一些信息。这种官方的入贡，不仅仅是器物产品，也有精神产品，如宗教、艺术等。魏晋时人鱼豢《魏略·西戎传》记载，西汉末哀帝时，博士弟子景卢曾受大月支使臣伊存“口授浮屠经”。西汉时安息国曾献“大鸟卵及黎轩善眩人”；东汉时在今缅甸的掸国曾遣使向汉朝“献乐及幻人”。汉代中国从这种“贡献”中获得大量域外文明成果。

宗教本身就是文化，宗教的传播就是文化交流，同时宗教又是古代最容易突破民族、国界和政治隔阂进行文化交流的媒介和载体。印度富有思辨性的哲学、逻辑学、天文、历法以及文学、音乐、绘画、雕塑、舞蹈等，都伴随着佛教的传入而来，大大丰富和充实了魏晋到隋唐近七百年间的中国思想学术与社会文化生活。汉末东来的域外高僧不少人都会一些方术，有的僧人还在自然科学方面有一定的造诣。康僧会《安般守意经序》称安世高“博学多识，贯综神模，七正盈缩，风气吉凶，山崩地动，针脉诸术，睹色知病；鸟兽鸣啼，无音不照”。《高僧传》卷一《安清传》说他“外国典籍及七曜五行医方异术，乃至鸟兽之声，无不综达”。“七正”即七政、七曜，指日月和金、木、水、火、土五星。“风气吉凶”则是占卜之术。“山崩地动”则是地质学、地震知识。这段记载说明他懂天文学、医学和其他自然科学知识。来自安息国的安清曾译《捺女耆域因缘经》，其中记载神医耆域诸奇术；东汉末年来华的印度高僧竺律炎和大月氏高僧支越曾译有《佛说佛医经》，说明汉时印度古医书已经传入中国并有汉译本问世。

除了上述几个方面之外，还有一种容易为人们忽略的途径和方式，就是汉代个体商贾的活动，即民间的交往和交流。这是一种持久不断、一直存在的交流，而常常又是无迹可寻、不为古代史书所记载的途径和方式，然而我们不能忽视这一途径和方式的重要性。统治者为了获取生活的奢侈品，不惜代价遣使远出，厚待贡使，用中国的丝绸和黄金去换取异域的珍禽奇兽、佳果名卉或珠宝，他们的活动被记入史册。与此同时，人民却在进行着最有利于社会和经济发展的交流活动，一个明显的事实就是棉花、粮食作物及其种植技术的传播，这些在封建社会中促进经济增长的重要因素常常看不到统治者的有意提倡，也看不到史书上的认真记载。这是人民自发的活动，它源于社会生活的需要。汉代棉花种植已经从南亚传入中国西南地区，但其传播方式和途径，却不见史书的具体记载。战争曾经是推动汉朝与域外交往的重要动因，甚至可以说汉朝与域外大规模的交往起源于战争的需要。战争会造成交战国之间的交往、贸易的暂时中断，但也从某种意义上加强了双方的联系，还创造一种特殊的文化交流的机会。战争双方都有必要研究和关注对方的状况，“知己知彼，百战不殆”。这种研究和关注必然促进对对方的了解、学习和借鉴。战争还造成俘虏和掠夺，这也是获取对方文化成果的机会。战争还要求建立联盟，拉拢各方对付共同的敌人。例如汉代在对匈奴的战争中就获得大量的良马、骆驼和牛羊，以及毛织品。

在现代化的交通和通信技术出现之前，中外交通和交流的传统方式主要就是上述几种，汉代开启了这些传统的交流途径和方式。汉代是丝绸之路发展的重要时期，中外交通和交流在规模和成就上是空前的，堪称第一次高潮，不仅在当时成果丰硕，而且对后世影响深远。中国人对外部世界的了解和认识以及对外交往从此发生了质的飞跃。经济文化交流一经产生，就像一泻千里奔腾不息的江河，其本身潜在的动因推动这种交流必然发展下去，不以人们的意志为转移。尽管先秦时期中外交通与交流就已经发生，但得到国家有效的组织、有意识的提倡和大力推行，并形成较大规模，不能不承认在中国历史上是从汉武帝时代开始的。汉武帝时代在中西交通和文化交流上具有独特的地位。从汉武帝开始，不仅两汉历朝统治者，而且中国历代历朝统治者都大力开展以朝贡贸易为主的交往活动。历史研究喜欢追根溯源，这被人称为历史学家的源头崇拜。因为只有了解了源头，才能对一条江河的流向、流程有更清楚的认识。因此，汉代中外文化交流研究具有重要意义。

洛阳——丝绸之路的东端起点之一

撰文　徐金星（洛阳）

丝绸之路的形成和发展

按一般传统说法，西汉武帝时张骞通西域开辟了丝绸之路。实际上，几十年来的研究和考古资料表明，丝绸之路有一个长期形成和发展的过程。中原地区和其他边陲地区，甚至域外的交通、交往，从很早的古代就开始了。

西晋太康二年（281 年），汲县（今河南卫辉市西南）人不准盗掘汲郡古墓，导致大量竹简出土，相传有数十车之多。晋王朝令运回京师洛阳进行整理，发现是一批古书。其中的《穆天子传》记载，周穆王十三年（前 964 年），西周第五王周穆王率领大队人马，携带大量丝织品等礼物，从洛阳出发，北过黄河，入山西，最终来到西王母之邦，会见西王母。西王母在瑶池设盛宴招待周穆王一行。

周穆王此次西游，据后人研究，其路线大体是：由洛阳入山西，出山西北部雁门关到内蒙古草原，再沿黄河过宁夏至甘肃，再到青海，入新疆，西越葱岭，到达中亚。回程时，东返新疆，经甘肃入宁夏，再经内蒙古入山西，返达洛阳，往返行程约三万五千里。值得注意的是，周穆王西行的起点、返回的终点都是洛阳。不少研究者认为，《穆天子传》所提供的材料，除去神话传说和夸张的成分，有助于了解先秦时期中西交通路径及文化交流情况，说明早在西汉张骞“凿空”之前，中国内地和中亚之间已有交往和接触。

汉代是我国历史上繁荣昌盛的时期，对北方强敌匈奴战争的全面胜利，为丝绸之路的正式开通打下了基础，张骞通西域的成功，标志着丝绸之路的正式形成。西汉末年，王莽篡政，天下大乱，丝绸之路随之断绝。东汉建都洛阳，洛阳成为西域各国、各地使者、商人、文化人、僧人沿丝绸之路东来的主要目的地，也是沿丝绸之路西行西域的主要出发地，于是丝绸之路的东端起点转移到了洛阳。

据《后汉书》记载：东汉永平十六年（73 年），汉明帝派窦固率兵攻打匈奴，会战于天山。在这次出击匈奴的战争中，“投笔从戎”的东汉著名军事将领和外交家班超奉命出征，立下战功。窦固派他出使西域其他国家。班超率属员 36 人，出使鄯善（今新疆若羌县一带），以“不入虎穴，焉得虎子”的英雄气概，夜攻纵火，杀匈奴使者，后于阗国（今新疆和田县一带）也杀了匈奴监督官，班超又更换了臣民怨恨的疏勒王，新立了另一位疏勒王。至此，隔绝 58 年的西域及丝绸之路重新畅通。

汉魏洛阳故城永宁寺塔基　张晓理摄影

汉魏洛阳故城遗址展示　张晓理摄影
汉魏洛阳故城是中国周、汉、曹魏、西晋、北魏都城，前后延续使用约 1600 年，见证中西方文化交流的开始以及丝绸之路第一次延伸到欧洲的过程。

汉魏洛阳故城东北内城墙遗址　张晓理摄影

汉和帝永元九年（97 年），都护班超派副使甘英等出使大秦（罗马帝国），经安息（其位置大致相当于今伊朗）、条支（今叙利亚），直达条支西海（今波斯湾）边，“距玉门、阳关者四万余里”。因安息国一向用东汉的丝和丝织品与罗马交易，不想让甘英到达大秦，开通汉与大秦的直通商道，故意夸大航海困难，甘英不得已返回。这是中国使者第一次远达波斯湾。

班超在西域经营 30 年，和帝永元十四年（102 年）八月回到洛阳，一个月后辞世，享年 71 岁，葬于洛阳北邙山。今孟津县张阳村旁有高大墓冢，历来相传为班超墓。

汉安帝延光二年（123 年），东汉派班超之子班勇出任西域长史。班勇保护了边塞与丝绸之路的畅通。他撰写的《西域记》一书，是范晔撰写《后汉书・西域传》的重要依据。

东汉之后，曹魏、西晋、北魏、隋、唐均曾以洛阳为都，洛阳也一直为丝绸之路的东端起点。据《隋书》等记载说，隋初，因突厥、吐谷浑阻遏，“故朝贡不通”。其中，吐谷浑大体占有今青海、甘南及四川西北一带。大业五年（609 年）春正月，隋炀帝从洛阳出发，御驾亲征吐谷浑，吐谷浑大败，所部十万余口、六畜三十余万降隋。隋炀帝此举对于打通和西域的联系，保障丝绸之路畅通具有重要意义。

沿丝绸之路进行的中西交往

自东汉开始，由于不同的动机、目的、目标，丝绸之路曾经发生过许许多多有关洛阳的政治、经济、文化、宗教等的重大活动。

1. 洛阳，沿丝绸之路西行西域的主要出发地

东汉永平求法。“永平求法”是中国佛教史上的一件大事，佛教界多认为这是佛教在我国正式传播的开始。东汉末年，牟融撰《理惑论》，在上距永平之世 100 多年后，第一次记载了“永平求法”：“昔孝明皇帝梦见神人，身有日光，飞在殿前，欣然悦之。明日，博问群臣：此为何神？有通人傅毅曰：臣闻天竺有得道者，号之曰佛，飞行虚空，身有日光，殆将其神也。于是上悟，遣使者羽林郎中秦景、博士弟子王遵等十二人，于大月支写佛经四十二章，藏在兰台石室第十四间。时于洛阳城西雍门外起佛寺”，“时国丰民宁，远夷慕义，学者由此而滋”。

北魏宋云西行。北魏神龟元年（518 年），住在洛阳闻

隋唐洛阳城国家遗址公园　张晓理摄影
隋唐洛阳城历经隋、唐、五代和北宋时期，前后沿用约530年。

定鼎门遗址上的骆驼蹄和车辙印迹　张晓理摄影

定鼎门遗址展示　张晓理摄影
定鼎门是隋唐洛阳城外郭城正南门，走出定鼎门，就走上了丝绸之路。

绿釉男胡俑 洛阳出土 唐代

义里的宋云与比丘惠生，受胡太后之诏，出使西域，拜取佛经。乌场国（在古北印度一带）国王见宋云等“大魏使来，膜拜受诏书”。宋云对国王讲：我国东临大海，日出其中，蓬莱山上，金堂银阙，神仙圣人，并在其上。又说周、孔、老、庄之德，管辂善卜，华佗治病，如此等等。国王听罢，十分仰慕和向往，感慨道：如此就是佛国了，我愿死后往生彼国。宋云、惠生等在正光三年（522 年）回到洛阳，取回大乘经典 170 部，丰富了中国的佛教文化。

唐代王玄策出使。洛阳人王玄策曾先后三次出使印度，他是以唐王朝官方使节的身份出使印度的，这和一般民间交往有重大区别。另外，王玄策所行路线，再次说明唐王朝与印度之间有另一条通道，即由唐蕃古道经尼泊尔进入印度。王玄策第三次返回后，把从印度取回的弥勒菩萨新样供奉在洛阳敬爱寺中，麟德二年（665 年），王玄策还曾于龙门石窟宾阳三洞之南洞敬造弥勒像，并留下造像题记。

2. 洛阳，西域人沿丝绸之路东来的主要目的地

罗马商团来洛。《后汉书·和帝纪》载：永元十二年（100 年）“冬十一月，西域蒙奇、兜勒二国遣使内附，赐其王金印紫绶”。有研究者称：文中提到的蒙奇、兜勒是两个地名，分别是罗马帝国的马其顿行省和东方省推罗城。这应该是东方大汉帝国和西方罗马帝国的第一次直接接触。而罗马境内使者东来洛阳的路径就是丝绸之路。

安世高、支娄迦谶来洛。据《高僧传》记载，西域高僧安世高，本为安息国正王后之太子，大约在东汉桓帝建和元年（147 年）沿丝绸之路来到洛阳，很快学会了汉语，自汉桓帝建和二年（148 年）至灵帝建宁中二十余年，译出三十余部佛经。除了安世高，东汉末年月支人支娄迦谶，时号月支菩萨，来到洛阳，先后译出《般若道行经》《般舟三昧经》《首楞严三昧经》等。

善无畏来洛。据《东都圣善寺无畏三藏碑》等记载：号称“开元三大士”之一的唐代僧人善无畏，为释迦牟尼季父甘露饭王后裔，曾入那烂陀寺，师事达摩掬多。达摩掬多以他与中国有缘，遂来华传教。途经迦湿弥罗国、乌苌国、犍陀罗、吐蕃，“以驼负经，至西州”。开元四年（716 年），年已 80 岁的善无畏抵达长安，开元十二年（724 年），随唐玄宗至东都洛阳，奉诏于大福先寺译《大毗卢遮那成佛神变加持经》（即《大日经》）七卷，又译《苏婆呼童子请问经》三卷、《苏悉地揭罗经》三卷等。相传，暑天大旱，唐玄宗遣高力士请善无畏祈雨。他推辞不过，以钵盛水，以小刀搅动，且搅且咒，有白气自钵中上升，高力士刚返达洛阳天津桥，“风雨随马而骤，街中大树多拔焉”。开元二十三年（735 年）善无畏示寂，世寿 99 岁。开元二十八年（740 年）十月三日，葬于洛阳龙门西山广化寺。

洛阳作为著名的国际大都会，在东汉、曹魏、西晋、北魏以及隋、唐时期，对生活在这里的西域人都有很好的安置。东汉时，广阳门外有胡桃官，另有蛮夷人置邸以居的“蛮夷邸”。北魏时，特在洛阳城南，洛水永桥以南、伊洛之间，御道东设四夷馆：一曰金陵，二曰燕然，三曰扶桑，四曰崦嵫；御道西设四夷里：一曰归正，二曰归德，三曰慕化，四曰慕义："吴人投国者处金陵馆，三年已后，赐宅归正里。……北夷来附者处燕然馆，三年已后，赐宅归德里。东夷来附者，处扶桑馆，三年已后，赐宅慕化里。西夷来附者处崦嵫馆，赐宅慕义里。"这大约应该是世界上最早的"绿卡"制度了。隋时，隋炀帝特在洛阳置四方馆，并安排专人掌管其事。另在东城内第一街还置建有鸿胪寺。武则天武周天授三年（692年），特析洛阳、永昌二县置来庭县，以安置和管理西域人。

丝绸之路与中西经济交流

1. 沿丝绸之路向西域输出的中原出产品

丝绸。丝绸是中国通过丝绸之路输出的大宗商品，是"丝绸之路"赖以得名的商品。

汉代，沿丝绸之路丝绸被运到安息国，再由安息人转运地中海各地。而罗马人第一次见到丝绸的故事，极富传奇色彩。公元前53年，罗马帝国执政官克拉苏率领7个军团共4.5万人，发动对安息的战争。在著名的卡尔莱战役中，两军对垒，殊死激战，时当正午，正当罗马军团全力进攻时，安息军队突然展开一面色彩斑斓的旗帜，灿烂耀眼的色彩，使罗马人目瞪口呆，惊慌失措，纷纷弃甲而逃，安息人乘胜追击，杀死克拉苏，克拉苏之子也被迫自杀。罗马军团2万人战死，1万人被俘。欧洲一些史学家认为：在关键时刻，打击罗马军团士气，造成罗马军团全线溃败的，正是安息的军旗。而这面军旗正是用中国丝绸制造的。这是罗马人第一次见到丝绸。此后罗马人特别喜欢丝绸，当时丝绸价格和黄金相等，成为尊贵和财富的象征。

桑蚕丝织是我国古代的伟大发明之一。黄帝正妃嫘祖教民养蚕、抽丝织布，她被后世奉为"先蚕"。相传，夏代杜康将吃剩的饭放在"空桑"之中，因自然发酵而发明了酒；商代立国后，有商汤在今偃师境内"桑林祷雨"的传说……以上这些都直接或间接说明，以洛阳为中心的河洛地区是我国最早的桑蚕业、丝织业中心或中心之一。汉、魏以降，直至隋唐，由于洛阳地处"天下之中"的优越位置，交通便利，商贸繁荣，河洛地区不但是桑蚕、丝织业的中心或中心之一，更成了全国丝织品的最大集散地。

瓷器。瓷器是我国通过丝绸之路输出的另一项主要产品。中国是瓷器的故乡，瓷器的发明也是中华民族对世界文明的伟大贡献之一，在英文中"瓷器"与"中国"为同一词（China）。考古发现证实河洛地区是我国瓷器最早制作和使用的地区。在二里头夏都斟鄩发现有最早的原始瓷器残片。1955年发掘的郑州商城遗址，发现很多带釉的原始瓷尊、瓷罍和瓷罐等，还有不少这些器物的碎片。1964年在洛阳北窑西周墓出土一件原始青瓷罍，高27厘米，保存完整；1966年在另一座洛阳西周墓中出土一件原始瓷尊，高19厘米。这些都是西周原始青瓷中的代表作品。东汉时，出现了质地比较高的青瓷。到了唐代，瓷器制作已达到成熟的境界。

至宋代时，名瓷名窑已遍及大半个中国。这一时期是瓷器业最为繁荣的时期，瓷器是当时外销的主要产品。当时五大名窑中的三大名窑，即汝窑、官窑、钧窑，均处河洛地区范围之内，可知当时河洛地区瓷器制造业之昌盛发达。其中汝窑的所在地为宋代京西路（治洛阳）所辖之汝州。汝瓷胎质致密，釉层匀净，色泽雅润，洁如玉，明如镜，滑如脂，声如磬，宋时为官廷贡品。现存世汝瓷，主要收藏在北京故宫博物院、台北"故宫博物院"等处。国画大师李苦禅曾题写道："天下博物馆无汝瓷，难称尽善尽美也。"

唐三彩及其他。唐三彩是又一种通过丝绸之路向境外输出的主要商品。洛阳是唐三彩的故乡，是最早发现唐三彩的地区，迄今发现的唐三彩数量最多，品种最全，艺术、历史价值最高，最具代表性，所以人们又多称其为"洛阳唐三彩"。

此外输出的还有漆树、桃、李、梨、肉桂、黄连、玫瑰、桦树、茶树等。

2. 沿丝绸之路输入的西域出产品

在中国古代的文献中，保存有不少关于西域各国、各地来中国"朝贡"或经商贸易的记载，就反映了当时"输入"的情况。先后输入内地的西域出产物品，见于记载的有汗血马、狮子、白象、骆驼、驼鸟、孔雀，金、银、玻璃器皿、珊瑚、琥珀、珍珠、香料、胭脂、貂皮等；农副产品则主要有胡桃、

洛阳唐三彩骆驼

葡萄、胡麻（芝麻）、石榴、胡豆（蚕豆）、胡葱、胡蒜、橄榄、胡瓜（黄瓜）、胡萝卜、苜蓿、棉花、毛布、毛毡等。

据《洛阳伽蓝记》卷三《城南》记载，北魏孝庄帝对大臣说："'朕闻虎见狮子必伏，可觅试之。'于是诏近山郡县捕虎以送。巩县、山阳并送二虎一豹，帝在华林园观之。于是虎豹见狮子，悉皆瞑目，不敢仰视。""普泰元年，广陵王即位，诏曰：禽兽囚之，则违其性，宜放还山林。狮子亦令送归本国。送狮子者以波斯道远，不可送达，遂在路杀狮子而返。有司纠劾，罪以违旨论。广陵王曰：岂以狮子而罪人也。遂赦之。"

关于石榴，在北魏时，洛阳白马寺的石榴特别受人喜爱，曾留下"白马甜榴、一实值牛"的典故；在今天的新疆，很多女孩取名阿那尔罕，意即美丽的石榴花。

丝绸之路与中西文化交流

1. 华夏文化西传西域

我国古代文明、古代文化，通过丝绸之路传播西域诸国，史籍不乏记载。建都于今新疆吐鲁番东南的高昌国，在北魏孝明帝时，曾遣使奉表称"自以边遐，不习典诰，求借《五经》、诸史，并请国子助教刘燮为博士"，得到魏孝明帝的诏准。《北史·西域传》说高昌国"有《毛诗》《论语》《孝经》，置学官弟子，以相教授"，"文字亦华夏"，"风俗政令，与华夏略同"，刑法、风俗、婚姻、丧葬也与华夏"小异而大同"。可见其受内地汉文化影响之深。

《道德经》是我国传统文化的主要经典之一，《道德经》传入印度，是中印文化交流史上的大事。据道宣所编撰之《集古今佛道论衡》载，贞观二十一年（647 年），西域使李义表奏称：东天竺童子王所未有佛法，外道宗盛。李已告诉他们东土大唐国未有佛法之前，已有圣人说经，在民众流传。唐太宗随即下敕，令玄奘法师与诸道士译出《道德经》，"于是道士蔡晃、成英二人，李宗之望，自余锋颖三十余人，并集五通观，日别参议，详核《道德》。玄奘乃句句披析，穷其义类，得其旨理，方为译之"。

造纸术是中国古代的四大发明之一，8 世纪，我国的造纸术通过丝绸之路传入阿拉伯，后又传入欧洲。这是影响人类文明的重大事件。东汉元兴元年（105 年），蔡伦制造出一种物美价廉的纸张，受到汉和帝的高度赞赏。“蔡侯纸”以质量好、使用方便，很快在全国各地推广使用，逐步代替简、帛而成为最主要的甚至唯一的书写材料。今东汉洛阳城遗址不远的地方，仍有前纸庄、后纸庄等村落；在偃师缑氏镇东北有造纸河，岸边立有“造纸河遗址”标志，相传均为当年蔡伦造纸之地。大约在 6 世纪时，我国的造纸术传入朝鲜半岛和越南，后传入日本；在传入印度、阿拉伯以及欧洲、北非后，便取代了印度的贝叶、欧洲的羊皮、埃及的纸草，“蔡侯纸”很快成为世界范围内主要的书写材料。

造纸术西传，和一次有名的战争有关。据《新唐书》等记载：天宝十载（751 年），安息节度使高仙芝统领大兵三万出击，兵至怛罗斯城（今哈萨克斯坦江布尔城南），遭遇大食兵。两军相持五天，因葛罗禄部众叛变，高仙芝军大败，他率残兵数千乘夜逃回。就是这次战争，大食俘虏了众多有技能的唐人，如织匠、金银匠、画匠、造纸匠等，包括造纸技术在内的多种工艺技术从而西传。除造纸术外，井渠法、印刷术、炼丹术、火药、炼钢术、指南针等也都先后通过丝绸之路传向了西方。

关于我国的数学，范文澜先生曾在《中国通史》中说：中国数学对天竺的贡献，最早可能是筹算制度促进了天竺位值制的诞生。唐代摩诃吠罗提出计算弓形面积和球形体积的方式，据学者研究，明显因袭了中国的《九章算术》。关于我国的医学，亲历天竺等国的义净，就认为中国的药物、针灸、诊脉都胜过天竺，又说人参、茯苓、当归、远志等神州上药，西域各国都没有。

2. 西域文化东传华夏

佛教，别称释教、梵教，起源于距今约 2500 年的古代印度，相当于我国的春秋时代。它的创立者为北天竺迦毗罗卫国（今尼泊尔境内，尼、印交界之罗泊提河东北部）净饭王太子悉达多·乔答摩。后人尊称他为“释迦牟尼”。

佛教大致通过两条路线向世界各地传播。一为南路：公元前 3 世纪时，佛教先传至狮子国（今斯里兰卡）；5 世纪再传至缅甸；12 世纪时传至泰国、柬埔寨等。此路以小乘佛教为主。一为北路：在我国西汉时期，已经传至中亚各国，如安息、康居、大月氏等；后经中亚，过葱岭，传至我国西部边陲地区的于阗、龟兹、疏勒等地。1 世纪前后传入中原地区。此路以大乘佛教为主。可以看出，这条路线其实就是人们所称的丝绸之路。

佛教在传入中国后的长时期里，经过和中国传统文化的相互碰撞、消化吸收，成为中国传统文化的重要组成部分，对中国的哲学思想如宇宙观、人生观、道德观，文学如小说、诗歌、戏曲，艺术如建筑、雕刻、绘画、音乐、舞蹈、戏剧，科学技术如天文、地理、数学、医学、音韵学、语言学，民俗及社会风尚方面如岁时节日、婚丧嫁娶、游艺娱乐、衣食住行等诸多方面，都产生了广泛而深刻的影响。

佛教之外，祆教、景教、摩尼教等所谓“三夷教”，是沿着丝绸之路传入我国的。

西域的杂技、音乐、舞蹈艺术也曾对我国产生过重要影响。据记载：“至显庆已来，王玄策等数有使人向五印度，西国天王为汉使设乐，或有腾空走索，履屐绳行，男女相避，歌戏如常。或有女人手弄三杖、刀、槊枪等，掷空手接，绳走不落。或有截舌自缚，解伏依旧，不劳人功。如是幻戏，种种难述。”

另据载，西域乐舞，早在北朝时已陆续传入我国。隋文帝定七部乐，隋炀帝定九部乐，至唐太宗时定为十部乐。其中除燕乐、清商两部原为汉族乐舞以及高丽一部外，其余天竺、龟兹、安国、疏勒、康国、高昌、西凉七部均来自西域或融有西域成分。史籍还常见有西域一些国家“献乐舞人”“献胡旋舞女”的记载。与乐舞同时传入的还有西域的一些乐器如琵琶、胡笛等。

大约自隋代开始，印度的历算书传入我国内地。唐代，有印度历数家来长安。《隋书·经籍志》载有《龙树菩萨药方》《西域诸仙所说药方》等印度医书。唐太宗时，王玄策曾招天竺方士进奉延年药给唐太宗；高宗时，曾遣东天竺卢伽逸多求长生不老药，遣中天竺僧福生、那提赴南海诸国采集异药；开元十七年（729 年）六月，北天竺国三藏沙门僧献质汗等药等，说明西域的历算、医学等也和我国有所交流。

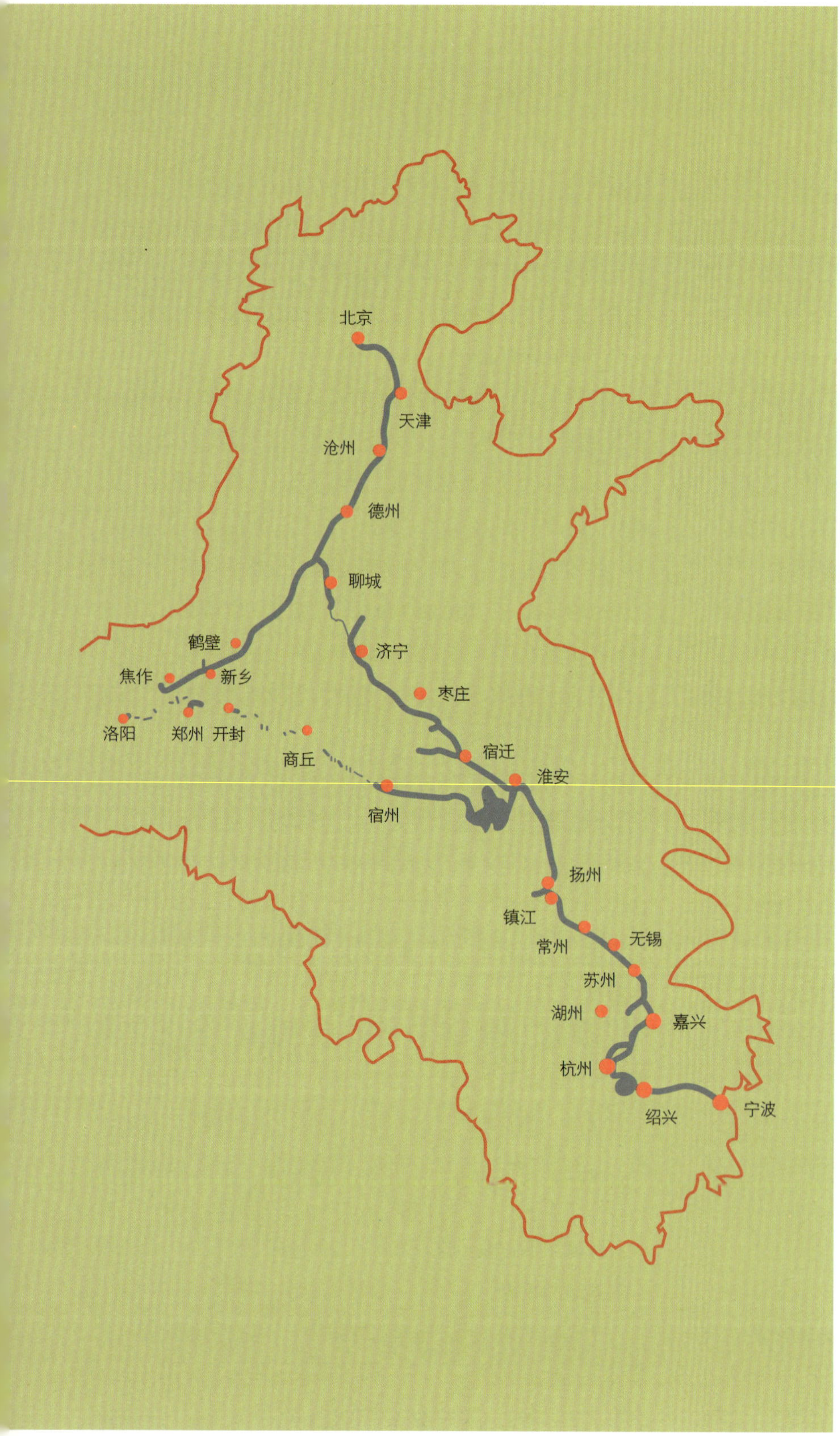

中国大运河路线示意图　陈庆功制图

湮没的辉煌：考古者眼中的隋唐大运河

撰文　罗志（淮安）

纽约大都会艺术博物馆藏乾隆年间《大运河地图：从北京到长江》中所描绘的黄淮交汇画面　罗志供图

历史学者指出，我国历代中央王朝都城的变迁可以分为两个阶段：唐朝以前，朝廷的政治中心在北方内陆黄河中游的长安、洛阳之间摇摆游移；而唐代以后，中国的政治中心呈东移态势，其后中央王朝的都城均位于东部平原地带，而且呈现出“运河时代”的风采。

五代更迭，五个中原王朝有四个（后梁、后晋、后汉、后周）定都开封，另一个（后唐）依然选择洛阳。作为大运河中枢、汴河重镇的汴梁，其政治地位俨然超越以“十余朝古都”而自诩的长安和洛阳。其后，南宋和金朝划淮而治，南宋定都临安，也就是今天的杭州，金朝先后在中都、汴梁定过都，金中都就是今天的北京。宋金南北对峙，其两座都城分别位于大运河的南北两端，这肯定不是历史的巧合。其后，元、明、清三朝长期以今天的北京作为首都，以洛阳为起点的隋唐大运河也“裁弯取直”，成为沟通全国政治中心北京和经济中心江浙的京杭大运河。

可以说，隋唐大运河到京杭大运河的历史变迁，彰显着这一历史长时段中华夏民族的兴衰变迁。而作为隋唐大运河中枢部分的汴河，其千年变幻之谜，尚有待于我们探索与追寻。

从通济黄淮到清明上河

美国汉学家费正清在《中国：传统与变迁》一书中对于隋朝这样一个极具历史戏剧性的朝代有着敏锐而准确的历史评价：“在隋文帝和隋炀帝的统治下，中国又迎来了第二个辉煌的帝国时期。大一统的政权在中国重新建立起来，长城重新得到修缮，政府开凿了大运河（这为后来几百年间的繁华提供了可能），建造了宏伟的宫殿，中华帝国终于得以重振雄风。”作为隋朝这一短暂王朝所留给后世不多的物质遗产，大运河的建设直接影响着隋朝以后历代的国运兴衰和民生利弊。其中，在中原大地上奔驰千里的汴河便成为大运河历史兴衰变幻的突出见证。

隋炀帝在即位后的第一年，大业元年（605 年），便开始大修运河，史料记载：“发河南、淮北诸郡男女百余万，开通济渠。”通济渠以东都洛阳城为起点，向东南绵延约两千里，逶迤而入淮水下游的泗州，运河全程纵横中原沃野，沟通黄河、淮河两大水系，成为隋代运河体系的中坚部分。

隋代兴建的通济渠分为东西两段。西段在东汉阳渠的基础上扩展而成，西起洛阳西面，以洛河及其支流谷水为水源，穿过繁华的洛阳城，经偃师东南，再循洛河而入黄河。这一

《清明上河图》（局部） 宋 · 张择端绘画

段渠道唐代以后便废弃湮灭。通济渠的东段便是后世所称的“汴河”，西起荥阳西北黄河边上的板渚，跨越隋代前后逐渐兴盛的汴州（今河南开封）折向东南，穿过今河南省东部、安徽省东北部，绵延至江苏盱眙县淮河北岸的古泗州城，穿城而过，注入淮河。

如此浩大而艰巨的工程，主要依靠无数人工的开凿，沿途两岸还种植柳树，修筑夹河御道和离宫别苑，在隋炀帝的“英明领导”下，从三月动工，到八月就全部竣工。好大喜功的隋炀帝立即用一场奢华无际的“龙舟巡游”来庆祝大运河的“新生”，从东都洛阳到琼华江都，舳舻千里，以隋朝之富足夸耀天下。

可惜的是，结束数百年南北分裂的隋朝依然逃脱不出历史铁律，历经二世便匆匆退出历史舞台。后人评述隋亡之祸由，隋炀帝自然几乎全揽其咎，《隋书》责其亡国罪状之一便是“土木之功不息”。然而，诚如晚唐诗人皮日休所吟咏的诗句一样，“尽道隋亡为此河，至今千里赖通波”。隋炀帝举全国之力构建起了绵延数千里、沟通大江大海的运河水道，留给自己的，是哀鸿遍野、生灵涂炭，是揭竿而起的逐鹿豪杰，是贪赏琼花的荒淫传奇，是罄竹难书的千古骂名；留给千秋家国的，却是无数的憧憬、惊叹、敬畏和追忆……

运河乍起千波皱！隋唐大运河事关数朝国运、民生，承担起运通天下财货，举东南财赋仰给京师的重要使命。隋炀帝开通济渠，使得地居“天下辐辏”的汴梁和流经中原、连接黄淮的运河网络被重新激活，从而使得通济渠成为隋唐大运河最为繁盛的中枢地带。

唐朝中期以后，这条通济渠因为流经汴梁，而改称为汴河。汴梁是汴河北端与黄河交汇处在唐代逐渐兴起的一座繁荣的商贸城市，这座城市在北朝时称为梁州，在唐代称作汴州，五代时期升为开封府，并开始取代洛阳成为“天下之中”的中原辐辏。北宋王朝定都于此，赐名东京，又称汴梁城。

在晚唐五代乃至北宋，汴河成为干系家国兴衰、万姓宠辱的天下命脉。晚唐藩镇割据，天下战戈不息，河朔、山东诸道叛服无常，大唐天子困守长安，朝廷纲纪摇摇欲坠。当此时节，“赋取所资，漕运所出，军国大计，仰于江淮”，故唐人诗云：“汴水通淮利最多，生人为害亦相和。东南四十三州地，取尽脂膏是此河。”中经五代乱世，北宋重新一统中原和江南，随着唐宋之际社会经济重心日益南移，国家财赋对于东南一带的依赖日以复加，而作为流经东京汴梁城、沟通中原和南方最为重要的交通命脉，汴河更成为王朝命脉之所系：“岁漕江淮湖浙米数百万，及东南之产，百物众宝，不可胜计。又下西山之薪炭，以输京师之粟，以振河北之急，内外仰给焉。故于诸水，莫此为重。”

唐宋时代，汴河的盛衰宠辱成为上至君臣、下至百姓所瞩目的“国是”。因此，北宋徽宗时期，宫廷画师张择端以

“清明”为寓意，以“上河”（汴河）为背景，以烈火烹油、繁花似锦的宋代东京景象为题材，创作出一幅流传千古的绢本长卷——《清明上河图》。这幅《清明上河图》凝结着汴河的千年变幻，栩栩如生，浓墨重彩。

从清明上河到沉沦洪涛

汴梁因汴河而兴，也因汴河而败。《清明上河图》所呈现的，不仅是东京汴梁城盛极一时的“黄粱梦境”，也是汴河千年变幻的盛衰转换。古都汴梁历经唐宋数百年繁华，伴随着社会动荡与环境变迁，便一步步走向下坡路。而千里汴河，它的历史宿命又当如何呢?

汴河北连泛黄，南瞰长淮，千里黄淮之地虽古称富庶，然河淮水患，浸淫日久，宋元以降，愈发不可收拾。淮河水系庞大，而入海河道狭窄，沿淮两岸，常苦于此。黄河洪灾更是中华民族的心腹大患。南宋以降七百余年的“黄河夺淮”入海，最后使得千里汴河遭遇灭顶之灾。

宋高宗建炎二年（1128年）十一月，时任东京留守的杜充，为阻金兵，下令于李固渡（今河南滑县西南）决开黄河大堤，使黄河洪流奔腾向东南，夺淮河入海。其后，宋金对峙，蒙元一统，黄河泛滥纵横于淮北平原的局面愈发不可收拾。由于滚滚黄河挟带大量的泥沙倾泻在历史上称为“黄泛区”的扇形平原上，原本静静地流淌在黄淮之间的众多河流均被黄河洪流冲击得七零八落，被无数泥沙淤垫一空，沟通黄淮的运河命脉——汴河也随着黄河一次次冲决泛滥而沉沦下去……

北宋灭亡数十年后，宋代出访金朝的使节往返中原，历经汴河故道，目睹淮北沦陷，汴河淤废，感慨今昔，不由得抒发“黍离之悲”，是所谓“疮痍满目繁盛地，千古兴废两悠悠”。

南宋使臣楼钥出使金国，往来路经汴河故道，汴河淤废的情形令人触目惊心：从灵璧县往北行不远，汴河便已断流，北至宿州，汴河河道更淤塞得几乎与河岸相平，车马穿行于河道中，中原百姓多在汴河故道起屋、种庄稼。

南宋文人周辉《北辕录》记载南宋孝宗淳熙三年（1176年）途经淮北汴河，所见所感：“正月二十九日，盱眙置酒饯使介渡淮……二月一日，六十里至临淮县，县有徐城……是日行循汴河，河水极浅，洛口既塞，理固应然。承平，漕江淮米六百万石，自扬子达京师，不过四十日。五十年后（北宋亡于1127年，至此整五十年）乃成污渠，可寓一叹，隋堤之柳，无复仿佛矣。”

南宋初年，黄河揭开其长达七百余年的夺淮史，汴河开辟之际所流经的膏腴之地，尽成黄泛泽国，生态环境与社会民生急转直下。自南宋以降，黄河长期夺淮，泥沙淤积淮口，

洛阳含嘉仓 160 号窖遗址 张晓理摄影

黄淮入海不畅，河水倒灌，洪泽泛滥，淮泗尽成泽国。

伴随着元朝统一全国，因汴河大部分河段因黄河夺淮入海而淤塞，元朝政府新开会通河，将大运河自徐州至临清段取直，而徐州以南，废弃汴河，使用经泗水故道至淮安清口的河段，从而基本形成今天京杭大运河的格局。因此，在元代全国性商贸运输版图上，泗州城的地位已然微不足道。

明代后期，由于潘季驯推行"筑堤束水"政策，修筑高家堰，形成"洪泽"悬湖，淮河出路受阻，造成淮河中下游水灾更加频繁。尤其是汴河入淮口的泗州古城，屡遭洪水侵袭，城垣破损，万民流徙，不可收拾，至清代康熙十九年(1680年)，终遭灭顶之灾。泗州城的命运是汴河沉沦的一处缩影。明清以降，连通黄淮、长达两千余里的汴河河道全部废弃，大都淤塞、被掩埋入地下后，在黄淮平原的滚滚洪涛下沉沦。

始于隋唐大一统帝国初缔之际，兴盛于唐宋盛世繁荣时期，衰落于"天灾人祸"频仍的金元时代，至明清两朝彻底衰废——这是汴河迈过的千古历程。汴河的兴废，牵动着黄淮地区若干大小城市的盛衰，这些城市的盛衰也见证着大运河的历史宠辱。千里汴河地带的历史命运休戚相关，而其背后的根本动因乃是中国社会千余年来的社会发展与生态变迁。自南宋以降，黄河夺淮八百余载成为中原及黄淮地区生态环境变迁的标志性事件。城市的发展离不开水，城市的命脉同样是水环境。宋代以后乃至民国时期，黄河长期的、频繁性的、大范围的洪水对黄淮地区的生态环境、社会经济乃至文化生活产生极为强烈的影响。汴河的千年盛衰，可以充分地反映出黄淮地区生态环境与社会经济由盛转衰的历史循环。正可谓：荒草凄凄，空余废都斜阳；淮水滔滔，难寻运河残柳。

从汴河考古到遗产保护

千年汴河的物质实体早已湮没在深深淤泥、层层黄土之下，而那一段千古兴替的文化印迹却依然散发出独特的魅力。借助于近些年来现代考古学实践与文化遗产保护理论在国内的长足发展与广泛传播，在各级政府、专家学者和各界有识之士的鼎力合作下，对于古汴河历史文化遗产的发掘研究与保护利用，正在全国范围内如火如荼地进行着。

历史场景一：含嘉仓遗址

隋代通济渠的西端便是隋炀帝兴建的东都洛阳。大业元年（605年），隋炀帝登基伊始兴建通济渠的同时，在东都洛阳城外，一座规模宏大的国家粮仓——含嘉仓也拔地而起。在隋唐帝国时代，洛阳以东广袤原野上的千万百姓辛苦劳作后缴纳给朝廷的粮食，源源不断地沿着大运河漕运体系输送到洛阳城，汇集到这座隋唐时代“天下第一粮仓”中。这座含嘉仓，自隋炀帝起，先后沿用五百余年，见证过李世民、李密、王世充、窦建德等隋末诸雄在洛阳城下逐鹿中原的烽烟；见证过“忆昔开元全盛日，公私仓廪俱丰实”之际，含嘉一仓坐拥天下粮仓储量几乎半壁江山的辉煌；也见证过唐代后期朝廷衰微，财赋“仰给于东南八道”，以至于“逐粮天子”就食东都，江南税米常沿千里汴河浩荡北上，以解两都燃眉之急的窘迫。

1969年，伴随着新中国重要铁路干线——焦枝铁路洛阳车辆段的动工兴建，含嘉仓遗址的神秘面纱才一层层逐渐被揭开。据考古发掘结果，含嘉仓遗址东西长612米，南北宽710米，总面积达43万平方米，四周各有城墙和城门，内部有十字形大街，将仓城分为库区、生活管理区和漕运码头区。含嘉仓原有粮仓400余座，现已探出的便有287座，其中一个窖里，存有北宋时代储存在这里的50万斤谷子，至1969年被发掘时依然颗粒完整。这数百座粮仓均采取缸形地窖结构，地表直径为10—16米，深度为6—12米，窖底为夯土结构，用火烘干，四周和窖底铺设草席、草木灰等物，然后储粮入窖，上面再铺设草垫和堆糠，最后用土密封，设计、建造极为巧妙。含嘉仓遗址还出土有大量的仓窖刻铭砖，这些砖上面铭刻有每个仓窖的位置、粗粮来源、入窖年月以及授领粟官的职务、姓名等。根据这些砖文记载，我们可以了解到唐高宗、武则天和唐玄宗时期，含嘉仓规模达到全盛，其储藏的粮食包括稻米、粟、豆等各种农作物，来源包括苏州、徐州、楚州、润州、滁州、冀州、德州、濮州、魏州等唐代南北的诸多州县。作为现已发掘的、我国古代规模最为宏大的粮仓，含嘉仓成为隋唐汴河与洛阳城时空交会点上一处叹为观止的传奇。

历史场景二：柳孜隋唐大运河码头遗址

千年汴河，串连起多少市镇兴衰。据《元和郡县图志》与《太平寰宇记》记载，唐宪宗元和四年（809年），朝廷在汴河中游一处叫埇桥的地方建立了一座新的城市，这就是宿州。从此以后，宿州便成为捍卫千里汴河，沟通黄淮漕运的重镇。在宿州城西的汴河边，两岸隋柳婀娜低垂，集市码头舳舻相连——其中，有一处称为柳孜的古镇埋藏着这段隐秘的往事，呈现给后人一段凝结时空的惊叹。

1999年年初，在安徽省303省道改造工程中，在今天淮北市濉溪县西南百善镇的柳孜村附近出土大量陶瓷等文物，隋唐大运河上一处失落的遗迹——柳孜码头重见天日。隋唐大运河柳孜码头考古发掘工作持续半年，揭露面积约900平方米，而考古成果在大运河考古发掘中却可谓空前的：在码头四周的深土层中，发掘出八艘唐代各种类型的木船，包括巨型独木舟和约24米长的大型木板帆船。柳孜遗迹还完整发掘出一处宋代汴河码头，整座码头为长方形建筑，长14.3米，宽9米，高5.5米，东、西、南三面采用飞檐砌法，码头两侧用夯土护堤，临水面石壁陡高，便于靠船装卸。此外，在这些沉船和码头遗迹中出土了近10万件（片）各类瓷器与瓷片。这些海量的瓷器与瓷片，从时间上看，跨越隋唐至宋元千年汴河的兴衰全程，从品种上看，有青、黄、白、黑、白地黑花、外黑或酱、内白等许多釉色，从器型上看，以碗数量最多，其次有罐、盆、三足器、杯、壶等。这些瓷器和瓷片，从釉色和造型等初步辨认窑口的有涵盖唐宋元时代长沙窑、越窑、寿州窑、邢窑、景德镇窑、吉州窑、龙泉窑等全国南北20多处窑口，其数量之多，窑口之众，品种之丰富，举世罕见。

柳孜隋唐大运河码头遗址中古船、码头和瓷器的“三大发现”是大运河考古史的“三个第一”。柳孜码头的整体发掘，也使得湮没在时空尘埃中的千里汴河首次通过考古发掘的方式重见天日，填补了中国大运河文化遗产中的一段空白，也为隋唐运河研究寻找到新的突破点。1999年，柳孜隋唐大运河码头遗址跻身全国十大考古新发现之列，并在海内运河文化遗产保护界引发不小的震动。

历史场景三：泗州城遗址

泗州，淮河下游这处不起眼的角落逐渐因为连接起汴

大运河与淮河入海水道交汇处的“水上立交” 李想供图

河、淮水、泗水等河流而在唐宋时代一跃成为“东南通衢”，并进入全国社会经济与交通体系的重心。北周静帝大象二年（580 年），泗州正式建置，因其地近淮河支流泗水而得名。泗州正式得名后，其州治最初在宿预县（今江苏省宿迁市东南），唐玄宗开元二十三年（735 年）迁至临淮县城，即今盱眙县城外淮河北岸的泗州城遗址。从唐代开元年间一直到清代康熙十九年（1680 年）泗州城被洪水淹没而废弃，今盱眙县城北、淮河对岸的泗州城遗址见证着一座古代城市“因水而兴，因水而亡”的盛衰历程。

位于汴河入淮要冲的泗州城在唐代即有“水陆都会”之称，唐宋时代极为繁盛。据相关考古机构的勘探发掘和文献记载相印证，唐宋泗州城的面积大约为 2.5 平方公里，城池呈现椭圆形，内分为东、西双城，西城为原临淮县城，宋代新筑东城，两城间隔汴河，有浮桥相连，到了明代方合二为一。泗州城有五座城门，东、西、南、北各有一座，而城南多辟一香华门。汴河由泗州北门以西的水关，南北穿城而过，自泗州城南香华门以西的水关出城，在城外数百米处汇入淮河。香华门内，汴河之滨，便是为纪念僧伽大师而兴建的普照禅寺和普照王塔，唐宋时该寺乃是全国名刹。南宋初年开始，黄河夺淮入海，到了元代，汴河逐渐废弃，泗州城也一蹶不振。明清数百年间，泗州古城饱受洪水侵袭，直到清代康熙十九年（1680 年）终遭灭顶之灾，被洪泽湖和淮河完全淹没。

汴河与泗州城的历史命运休戚相关，泗州城的盛衰也见证着大运河的历史宠辱。伴随着大运河文化遗产保护的逐渐兴起，“水下泗州城”的发掘工作也全面展开。2002 年，南京大学考古所对泗州城进行了勘探。2005 年，中国社会科学院考古研究所再次对泗州城遗址进行电法、磁法勘探，探测出大圣寺、灵瑞塔的位置。2007 年，南京博物院考古研究所对泗州城遗址进行了第三次大规模勘探。到了 2010 年，为配合南水北调东线工程，南京博物院考古研究所正式对泗州城遗址进行大规模考古发掘。

迄今为止，南京博物院泗州城考古队已发掘面积达 2 万多平方米，取得丰硕的考古成果：泗州城香华门及其月城轮廓、泗州西城“东察院”附近体量较大的建筑物相继呈现；由条石垒砌、边长约 38 米的大圣寺（即唐、宋、元三代的普照禅寺）灵瑞塔塔基已初显端倪；元代赵孟頫题写碑文的《大元敕建泗州普照禅寺灵瑞塔之碑》的龟趺碑座和雕三爪龙、铭文的碑额已被完整发掘出来；地宫情况有待于进一步勘测；位于泗州城中心位置的汴泗桥及其周边的明清汴河河道也已经完整揭露。2013 年，泗州城遗址被国务院公布为第七批全国重点文物保护单位。泗州城这座辉煌上千年、失落数百年的古代城市遗迹，正借着大运河文化遗产保护的契机，慢慢掀起其神秘的面纱……

从遗产保护到运河申遗

“大运河是促进我国经济发展的南北水上航运大动脉，是一条承载和见证中华文明发展史的历史文化长廊；大运河是一本历史教科书，需要我们去认真阅读和研究，从中寻找到中华民族奋发崛起的动力；大运河文化博大精深，需要我

运河上仅存的保存完好的明代古闸——清江正闸、越闸　李想供图

清江浦楼——“运河之都”淮安标志性建筑　李想供图

位于江苏淮安的总督漕运部　李想供图

们去不断挖掘出它蕴藏的丰富内涵，从而为现代人类社会服务。”这是关心、支持大运河申报世界文化遗产事业的各界朋友共同的心声。步入21世纪，作为中国古代重要的文化遗产，大运河通过申报世界文化遗产而迈向全球视野，已成为国内文化遗产保护界的重要课题。

伴随着时代发展，人类文化遗产保护的理念、内涵和外延不断发展，文化线路作为新的文化遗产类型越来越受到社会的关注。国家文物局局长单霁翔就指出，京杭大运河既是线性文化遗产，也可作为“文化线路”“文化遗产廊道”和广义的“工业遗产”进行保护利用。2006年3月，在全国政协十届四次会议上，“大运河申遗”以政协提案的形式正式启动。其后数年，在国家文物局及相关部门的牵头下，在北京、天津、河北、山东、安徽、江苏、浙江、河南等8个省、直辖市共35座城市各级政府和各界人士的通力合作、共同努力下，“大运河申遗”工作紧锣密鼓地顺利开展。

2006年5月，全国政协组织委员和专家考察京杭大运河保护与申遗活动的情况，对运河全线进行调查研究，并通过《京杭大运河保护与申遗杭州宣言》。

2006年12月，国家文物局公布了重设的《中国世界文化遗产预备名单》，将原先榜上无名的京杭大运河列在首位。

2007年6月，原先“京杭大运河”的申遗标题被“扩容”为“中国大运河”，作为隋唐大运河重要段落的汴河被囊括其中。

2011年3月，在扬州召开的大运河保护和申遗工作会议上，明确2014年“中国大运河”将正式向联合国教科文组织提交申遗报告。也正是在这次会议上，经过多次论证、现场考察和集体评审，大运河申遗预备名单最终形成，共包括132个运河遗产点和43段河段，其中涵盖千里汴河的遗产点有14处，河段有9处，这23处遗迹分别是：

（1）14处遗产点：

含嘉仓遗址、回洛仓遗址（河南洛阳）、洛口仓遗址（河南巩义）、云溪桥（河南浚县）、合河石桥（河南新乡）、枋城堰遗址（河南浚县）、百泉与卫源庙（河南辉县）、荥阳故城、北宋东京城遗址、商丘古城、柳孜运河码头遗址、柳孜镇遗址（两处均位于安徽濉溪）、濉溪县百善镇运河河道遗址剖面、花石纲遗址（安徽灵璧）。

（2）9处河段：

通济渠—荥阳故城段、汴河遗址商丘南关码头遗址段、汴河遗址百善老街及柳孜码头段（安徽濉溪）、汴河遗址宿州段、汴河安徽泗县—江苏泗洪段、通济渠—洛河隋唐洛阳城段、通济渠—洛河洛口段、汴河遗址北宋东京城段、汴河济阳镇段。

伴随着大运河申报世界文化遗产这一系统工程的全面启动和逐步推进，围绕着大运河文化遗产所进行的考古发掘工作迎来前所未有的高潮。在汴河流经的河南、安徽、江苏三省，对古汴河的考古研究工作在近些年同样硕果累累：

2006年4—8月，安徽省文物考古研究所主持宿州市西关步行街汴河遗址发掘工作，首次掌握汴河河床剖面的第一手资料，此外，出土瓷器及瓷片1000余件，涉及唐宋时代南北方地区20多个古代窑系窑口。

2007年3—7月，安徽省文物考古研究所主持宿州市埇桥区老环城路内宋代码头遗址发掘，完整揭示南北对称石构宋代码头一座，锚锭45个，擂石30多个，出土小件器物2300余件，以瓷器为主，包括定窑、钧窑、磁州窑等窑口精品，涉及南北方15个窑系。这次发现是首次在古汴河遗址中发现南北对称码头，具有突破性。

2010—2011年，郑州市文物考古研究院开始对大运河沿线进行全面调查发掘，取得丰硕成果。在巩义隋唐洛口仓遗址发掘中，揭露一座汉代沿用至隋唐的洛口仓城，该城东西长约500米，南北宽150—300米，高1.5—4.5米，城墙系汉代挖槽夯筑而成，隋唐进行加固修补并作为保卫洛口仓的军营而继续使用。在汴河荥阳故城段（丰硕桥至与贾鲁河交汇处的索须河段）的考古发掘，尤其是通济桥及其附近汴河故道的发掘，揭露唐宋乃至明清时期堆积层和大量文化

浚县整修后的古城与卫河河道　程彦强摄影

遗物，使得汴河西端洛阳邙山头向东南至荥阳故城段的河道走向及基本面貌得以被初步了解。此外，在中牟县官渡镇水溃村西北的一段运河遗址中，发掘出历史时期一处近 30 平方公里的沼泽遗址，黄土堆积层中间断出现青灰色淤积土层，经研究认为这是一处汴河河段用于调节水量的天然“水柜”遗存，这对于研究汴河河道及水利设施具有重要价值。

2011 年 3—4 月，安徽省文物考古研究所主持泗县刘圩汴河故道遗址发掘工作，该遗址发掘总面积约 1200 平方米，揭露唐宋汴河北堤、宋代踩踏面 1 处，宋代墓葬 1 座，唐宋水沟 3 条，出土大量的唐宋瓷器碎片。其中，宋代踩踏面及相关遗迹的发现印证了宋代汴河的繁华，而古汴河遗址岸边两宋之交墓葬的发现，则为汴河废弃时代提供有力的印证。

2011 年 7 月至 2012 年 12 月，河南省文物考古研究所主持商丘南关段汴河遗址的考古发掘工作。在此之前，商丘文物部门曾开展古汴河遗存考古勘探，初步发现并确认以南关为中心的运河故道约 10 公里，河道均为淤泥、淤沙堆积，河道底部最深处距地表约 21 米。而这次发掘在武庄村南、运河故道北岸发掘 4000 多平方米，清理出长约 120 米的运河河岸及 3000 平方米伸向河道内的突堤遗存。而在大郭庄村的发掘清理，则揭示出这段汴河河面的宽度约 60 米，呈喇叭状扩大到 150 米以上。商丘南关汴河河岸遗址仍然保存着最后使用时的完整形态，为研究隋唐至北宋时期汴河河岸形态、使用分期、河道变迁、疏浚历史等考古信息提供了珍贵资料。

2012 年开始，安徽省文物考古研究所主持进行柳孜运河码头遗址二期考古发掘工作，截至年底取得重要收获，新发现唐至明清时期的文化层、运河北侧宋代石桥墩、金代跨河驿道和宋代“木岸狭河”等重要遗存，出土残木船一条，

大运河滑县段航拍图 王子瑞摄影

以及大量的陶瓷器、石器、钱币等遗物。这段汴河宽度在40米至60米之间，而发掘中部分河道宽度仅20米左右，周围还有大量成排的木桩遗迹，专家认定此处是极为罕见的宋代“木岸狭河”遗存，充分印证文献中宋代治理汴河“为木岸狭河，扼束水势，令深驰”的历史记载。

从通济黄淮的千里碧波，到《清明上河图》中的繁华胜景，再到沉沦于洪涛之下的千古余恨；从考古手铲下的重见天日，到线性遗产的全面保护，再到纳入“中国大运河”这一涓涓长流申报世界文化遗产，汴河历经千年变幻，重现夺目光彩！

作为我国迄今为止涉及部门最多、牵涉地区最广、协调最复杂的一项“申遗”工程，“中国大运河”联合申报世界文化遗产项目得到了国内外各界人士的关注和支持。2014年6月22日，在卡塔尔多哈举行的联合国教科文组织第38届世界遗产委员会会议上，“中国大运河”被正式批准列入《世界遗产名录》，成为我国第32处世界文化遗产和第46处世界遗产。

历经数千年岁月的文明积淀，中国大运河无愧于华夏子民世代人守护的文化瑰宝。千年汴河的发展变迁，目睹着中国历史的无数次风云变幻，见证着中国社会多少次的盛衰沉浮，在中国古代运河发展史上扮演着不可取代的角色。历史如烟，沧桑千年……千年汴河，不再仅仅是《清明上河图》中栩栩如生的画面，而成为“大运河申遗”中那一处处的文化遗产，勾勒出跨越时空的美妙身姿。

世纪动脉：

中俄万里茶路的前世今生

撰文　刘晓航（武汉）

对于大多数中国人来说，只知道从汉代至元代，在中国的西部有一条丝绸之路，曾经是东西方经济文化交流的通道。这条国际商道随着 7 世纪后，阿拉伯人开拓的“海上丝绸之路”的兴起与大漠风沙的侵蚀而逐渐湮没。但是从 18 世纪中叶到 20 世纪初，又出现一条新的穿越亚欧大陆的国际商道，它就是从我国的江南茶区通向中原、华北、北方草原、蒙古高原，纵深进入俄国的西伯利亚，延伸到莫斯科、圣彼得堡和欧洲的万里茶路。

这条全长 13000 多公里的茶叶贸易商道繁盛近两个世纪，创造了前所未有的商业辉煌，是近代经济全球化的一个成功的典范。俄罗斯人至今仍然称它为“伟大的茶叶之路”。2013 年 3 月 23 日访问俄罗斯的习近平主席在莫斯科国际关系学院的演讲中指出：从 17 世纪开始的万里茶路到今天的石油天然气管道，是推动中俄两国经济发展的“世纪动脉”。中俄万里茶路形成的丰厚的历史文化价值，对于当下我国政府提出的“丝绸之路经济带和 21 世纪海上丝绸之路”发展战略具有鲜明的当代意义。

在近两个世纪里，由于长达万里的茶叶运输及中俄边境的茶叶贸易形成多条运输茶叶的商道，沿着这些运茶的商道，形成一座座城镇，促进了中国的江南文明、中原文明、北方草原文明与俄国西伯利亚及远东地区的文明、欧洲大陆文明的交流与融合。

万里茶路具有东方农业文明西输和
西方工业文明东输的普遍价值，
是东西方文明相互转型的典范

万里茶路通过近两个世纪繁盛的大宗茶叶贸易，使得中国向世界输出传统的农业文明的同时，欧洲国家也借助万里茶路向中国输入近代工业文明。这不仅仅是茶叶贸易，还包括西方的金融制度、城市规划、市政建设和现代城市文明对中国内地的影响。在万里茶路兴起之初，中国没有独立的资本主义大茶园和现代机器生产的大茶厂。茶叶的种植、采摘与加工的承担者一头是以经营农业为主的农户，甚至没有大规模的茶园，大多数是农户在田头屋后种植的茶树林，另一头是以经营商业为主的茶栈、茶行。晋商从明末清初携带大量资金和种植及加工茶叶的技术到南方茶区投资，建设成片的茶园，敢为人先地开拓长江和汉江水系北上的水陆联运的运茶路线，使茶叶的种植、加工、运输、销售及金融资本的运作形成一条龙，已经具有资本主义初期的经济运作方式。

1861 年，根据中俄两国签订的《北京条约》以及之后的《中俄陆路通商章程》，汉口茶市开放，大批外商涌入已经国际化的汉口茶市，它标志着茶叶贸易的商业资本已经从简单的流通领域开始走向工业资本主义。一年四季奔忙在万里茶路上的商茶队，虽然是肩挑车推，江河木舟，骡马驼队，沿用的是传统的交通运输方式和线路，但是它却是一条全新于丝绸之路的新型的国际商道。与丝绸之路相比，万里茶路不仅仅是一条东西方商业贸易和文化交流之道，它在向欧洲输出中国农业文明的同时，也将西方的工业文明带入中国的腹地，加快了这个东方文明古国进入现代化工业时代的进程。而经济全球化的最初的元素就是金融资本的运作、大机器生产和轮船、火车现代交通工具。

地处长江中游，长江和汉江交汇处的汉口，兴盛于明清，以商业贸易起始，具有“九省通衢”的地域优势。在万里茶路的辉煌历史上汉口是最大的茶叶集散地，中国外输茶叶有65%是从汉口输出的，80%的输俄砖茶也是以汉口为起点的，所以西方称汉口为“东方茶叶港”。随着茶叶贸易的兴盛，汉口在贸易上的影响力远不止于国内，到 1861 年汉口开埠后，汉口的国际贸易地位日益突出，已经从内陆商品集散地

筛茶

选茶

风车吹茶分级

加工砖茶

装茶

茶叶打包

茶叶种植区

茶农村舍

清末制茶工艺

转变为国际通商口岸。茶到汉口盛，汉口因茶兴。南方产茶区的茶叶经长江、汉江汇集于汉口。俄商继英商之后，在汉口建立茶商办事处，直接收购红茶。两年之后，俄商已经不满足在汉口从华商手中收购茶叶，他们直接深入到鄂南的羊楼洞茶区，直接从茶农手中收茶，在那里自行开设茶厂生产青砖茶和米砖茶。随着中俄砖茶贸易的不断扩大，汉口作为茶叶集散地的中心市场地位日显突出。1873年俄商开设的“顺丰”等三座茶厂从羊楼洞搬迁到汉口的俄国租界的长江边，还建了专用的茶厂码头，俄商李凡诺夫第一个将代表近代工业文明的蒸汽机引进汉口，使砖茶压制方式从“手工时代”跨入“机器时代”，大大提高了生产效率。据汉口海关资料的记载，1874年，汉口输出砖茶83402担，到1877年猛增到152339担，4年间几乎增加了一倍。到1890年后，汉口输往俄国和欧洲的砖茶，每年都达到100万担，这是一个惊人的数字。到1894年，汉口已经有俄商开设的4家砖茶厂，共计安装了砖茶压机15台、茶饼压机7架，日产砖茶2700担、茶饼160担。据统计，到20世纪初，俄商顺丰、新泰、阜昌三座茶厂已有资本金400万两海关银，资产500万两海关银，年产值达到5300万两海关银。据江汉关的不完全统计，1892—1901年的10年间，经江汉关出口的砖茶和茶饼价值达到26415574两海关银。在制茶季节，俄商茶厂雇用的工人达到5000多人，各厂动力均在900马力以上。俄商茶厂成为湖北和汉口最早的近代产业，俄商制茶厂的工人成为汉口第一批产业工人。汉口因此成为与上海、天津并列的中国近代三大工业基地之一。

以俄商在汉口开办机器砖茶厂为开端，德、英、日等国商人也先后来汉口开办以加工业为主的各种近代工厂。到1911年，外资在汉口的工厂达到30多家，总投资1500多万元。这些行业包括制茶、榨油、面粉、烟酒、冶炼、电力、机械、修理、工程建筑、蛋品加工、棉花打包等。其中创办于20世纪初的英商和记蛋厂雇工达2000多人，年产蛋品7000多吨，并且在全国各地开设了108个分厂。汉口外资工业的发展，激发了武汉近代民族工业的崛起。1889年，洋务派代表、官僚张之洞调任湖广总督，面对外国列强瓜分中国的危机，为了自强自立，他先后在武汉建立亚洲规模最大的现代化钢铁联合企业汉阳铁厂、湖北枪炮厂及在国内纺织业著名的湖北丝麻四局等一批大型工厂，使武汉成为中国近代钢铁、纺织工业的发祥地。受洋商和官商的影响，武汉三镇的商人和手工业者在1895年的甲午战争后纷纷开始投资近代工业。由此可见，万里茶路的兴盛、茶叶贸易的发展、西方的工业文明、大机器生产和现代企业管理，促进了中国近代经济与世界经济的接轨。以使用蒸汽机为标志，武汉工业在汉口以制茶工业起步，激发民族工业的突飞猛进。这种东西方文明融合，促进社会发展进步的现象，不仅在汉口，在万里茶路沿线的城市，沿海地区的茶叶出口港城市，如天津、广州、福州、宁波、厦门，无不如此。

万里茶路繁盛的茶叶贸易形成一个巨大的产业链群，促进了城乡近代工业化进程

在近两个世纪里，万里茶路从中国南方的产茶区一路北上，出境后横跨亚欧大陆，沿途形成一个巨大的产业链群。茶叶的种植、加工制作、运输、市场销售形成庞大的物流、资金流、人力资源流、信息流，促进了不同地区近代工业化的进程。马克思说过，“商业的发展依赖于城市的发展，而城市的发展也要以商业的发展为前提条件”。万里茶路的兴盛有力地推动南方产茶区的茶叶种植、加工制作及相关产业的发展。沿途一座座新兴城镇的出现，使得运输业、金融业、

湖南安化百年老茶栈 李皖摄影

建筑业、服务业从南方向北方边疆推进，促进了这些地方近代工业化和城镇化。恰克图（俄语谓有茶的地方）的边境茶叶贸易同样使俄国西伯利亚地区发生巨大的变化，大批移民从俄国西部的欧洲地区涌向西伯利亚和远东边区从事经济开发，促成从俄国的西部到东部，沿着与中国接壤的边境出现一大批繁荣的城镇，商业活动非常活跃。这种双向的流动促进了欧洲文明与华夏文明的融合。

大宗的茶叶贸易需要成片的茶山茶园和大批的劳动力。中国是茶叶的原产国，早在明代中叶，中国的茶叶已经通过荷兰商人出口到欧洲。到 17 世纪，中国的红茶和砖茶在俄国和欧洲已经形成一个稳定而庞大的消费市场。尤其是西伯利亚和中亚地区的游牧民族对茶叶的需求已经到了“宁可三日无肉，不可一日无茶”的地步，他们必须依靠饮茶来消食化腻，补充由于缺乏水果和蔬菜需要的叶绿素。茶叶，特别是米砖茶、青砖茶成为游牧民族一种“成瘾性消费品”。输入俄国的砖茶的原料主要来自中国南方产茶区的福建武夷山、江西铅山、湖南安化、湖北羊楼洞等中心茶区。砖茶最大的加工集散地是被称为“九省通衢”的汉口。这些地区的人们投资茶叶种植加工制作、运输和营销的却是来自非产茶之省的山西、陕西。

清代康熙年间，为了平定蒙古准噶尔噶尔丹部的叛乱，清政府开始放宽禁止汉人到蒙古和大西北民族地区经商的限制，以满足蒙古等草原牧区对内地的生产工具和消费品的需求。康熙、雍正和乾隆三朝为征讨噶尔丹部叛乱，任用善于经商的晋商置办粮草给养。精明的晋商沿着长城内外的集镇为据点，由近到远深入到蒙古全境，河西走廊以西的新疆、中亚边境地区经商，并将目光投向与蒙古比邻的俄国西伯利亚地区。在这些广袤的游牧地区最需要的商品就是茶叶。从而形成一个庞大的茶叶市场空间。敢为人先的晋商不辞劳苦，南下江南茶区，投资置办茶叶，并且开辟出一条水陆联运的运茶线路，在中国境内就有 5000 多公里，运输时间需 3—4 个月。晋商起初在福建武夷山收购红茶和砖茶，每年雇用成千上万的农民从事茶叶的种植、采摘和加工制作，茶市开设在武夷山的下梅村、赤石和星村。茶农将茶叶用独轮车翻山越岭 110 公里，运送到闽赣交界的江西铅山的河口镇，开始水路运茶。从信江经鄱阳湖到九江，入长江，到汉口集散，再逆水汉江北上 700 多公里至襄阳，换乘小舟“扁子”从汉江的支流唐白河行驶 140 多公里到达水运的终点——河南的赊店镇。然后改用骡马北上，从洛阳的孟津渡口过黄河，穿越崎岖的太行山，进入晋商的大本营晋中的祁县和榆次，继续北行。到了雁门关，茶路分东、西口北行：东口从张家口沿张库大道 1500 公里，继续北行 300 多公里就是俄国边境的恰克图进行交易。西口从晋北右玉县的杀虎口往清廷节制西北六省的政治、经济、文化中心归化（今内蒙古呼和浩特）北上经二连浩特到库伦（今蒙古国乌兰巴托）再到恰克图。万里茶路的产业链群吸收了沿途几十万劳动力，振兴了沿途城镇的各行各业，特别是运输业与服务业。万里茶路在中国境内的 2000 多公里水路，沿途码头、茶栈、货场，吸

湖南安化资水边的千两茶晒场 李皖摄影

纳大批城市劳动力和农民，形成众多的船帮和各个口岸码头工人的行帮，仅水上行船就换了 3 种：在信江、鄱阳湖、长江上的行舟是适应江面宽阔、风高浪急的“鸭梢子”，在汉江上行驶的是适应江上弯道多的“襄阳楸子”，在唐白河上行驶的是适应河道浅、狭小的小舟“扁子”。从赊店登岸，换成骡马大车，在太行山只能够用毛驴驮运。到了雁门关，穿越草原和大漠，只能够用骆驼了，仅旅蒙商号“大盛魁”就有 2000 多头骆驼。这又形成一支庞大的不同牲口畜力的产业群（养驼业、骡马行、大车店），万里茶路养活了多少人，它使沿途城乡百业兴旺！

咸丰三年（1853 年），由于太平天国起义，武夷山地区沦为战区，茶路中断，但是俄国市场对砖茶的需求未减。精明的晋商决定将茶源转移到同样也是产茶区、水运更加便捷的两湖地区：湖南洞庭湖边的安化和湘、鄂、赣三省交界的羊楼洞。这里的地理位置在北纬 30 度，有利于茶叶生长的气候、土壤、水质，这种地理环境具有不可取代性，所以茶叶质量优良。晋商在两湖地区投资茶叶种植加工，从这里运茶的路程较从武夷山减少，运费大大降低。

位于鄂东南的羊楼洞自唐代开始种植茶叶，在宋元时期就是“茶马互市”的茶源区之一，晋商发现这里不仅茶叶质量优，而且水陆交通便捷，社会环境安宁，还有当地诚实守信、可以信赖合作的乡绅阶层。晋商在羊楼洞大展宏图，在羊楼洞开设的茶庄有 70 多家，1863 年俄国商人也来羊楼洞开设茶厂，使这个鄂南小镇迅速崛起，成为湘、鄂、赣三省交界地区的茶叶集散加工中心，商业繁荣，人口达到 3 万多人，有“小汉口”之称。1873 年以后，俄国茶商虽然将三个茶厂搬迁到汉口，但是羊楼洞仍然是俄国茶厂的原料供应地。茶叶的种植、采摘、加工、运输不仅吸纳了三省交界的近十个县的农村劳动力，而且茶叶种植、加工、运输、储存所需的工具、包装材料（茶篓、茶匾、木箱、锡箔），烘焙茶叶需要的燃料（木炭），运输工具（独轮车、马车、木船）都是就地取材，基本取材于横亘三省交界的幕阜山的出产，为当地城乡创造了许多财富。这些工具和原材料的加工制作也形成一个可观的产业链，使羊楼洞中心茶区逐步实现了由小型的手工业作坊，发展成为规模较大的资本主义雇佣劳动和机器生产的工场，同时对周边地区的经济与社会发展产生深刻的影响，使该地区的行业之间形成社会分工和专业化生产，推动了湘、鄂、赣三省交界地区近代乡村工业化和城镇化进程。

这种茶叶贸易促进一个地区经济繁荣现象在万里茶路沿线具有普遍性。如赊店在清代中期以前只是豫西南一处穷乡僻壤，雍正五年（1727 年），中俄签订《恰克图条约》后，晋商开辟万里茶路，处于汉江支流唐白河终端的赊店成为长达近 2000 公里水路运输的终点和水陆转运的中心，南来北往的物资商品大量在这里汇集转运，立刻使这个往日名不见经传的小镇成为商业重镇和交通枢纽。河南省在这里而不是在南阳设立了厘金局，每年征收过往客商的税金几乎占全省的三分之一。

山西晋城拦车村保存完整的骡店客栈街　李皖摄影

江西铅山河口镇　李皖摄影

福建武夷山为运茶人工开凿的运河　李皖摄影

大宗茶叶贸易，使中国金融业与世界接轨，推动中国近代经济的对外开放

以境外市场为主体的大宗茶叶出口贸易，需要巨额的资本金，特别是流动资金。“货行天下，汇通天下”的晋商在清代中叶凭借在全国各地开设的票号，拥有大量的资金而称雄天下，自誉为“只要有麻雀飞的地方就有俺老西”。长期在外行商的经验和智慧，使他们往往能够较早发现有利可图的商机，及时投资。他们贩夏布于江苏，在贵州投资茅台酒，在武夷山和两湖地区置办茶叶。这些必须有雄厚的资本金作为后盾。特别是茶叶贸易，到江南产茶区投资茶山茶园种植茶叶，置办加工制作砖茶机器工具，每年的春天采摘茶叶，加工制作需要一个较长的时期，几千公里的水陆运输又需要几个月的时间，待运到恰克图成交，差不多需要一年之久，资金的周转时间较长，只有拥有雄厚资金的晋商有这个实力，其他商帮无法与晋商抗衡。清代中叶，在汉口有 18 家票号，其中 17 家是晋商的票号（另一家是云南人开的票号）。1861 年，汉口茶市对外开放，英、俄、日、德等国商人纷至沓来，大宗的茶叶贸易使得这些外商首先开设洋行和银行，才能进入中国的茶叶市场。这样西方的现代金融业与中国的资本市场接轨，促进一向闭关自守的中国金融业向现代金融制度过渡，实现现代金融业的转型，从而推动了中国近代经济对外开放。

其实早在西方银行进入之前，汉口已经有相当广泛的金融业务，晋商票号和广东、安徽钱庄在汉口发展很快，为日后汉口茶市开放后茶叶等大宗货物及商品的出口贸易奠定了金融基础。1861 年，汉口开埠，汉口地处“九省通衢”的优越地理位置、便利的交通条件和原本形成的商业基础，使得外商将汉口视为投资经商的热土。美国历史学家罗威廉在他的专著《汉口：一个中国城市的商业与社会》中说：“汉口以其优越的地理位置与封建社会晚期不可阻挡的商业力量结合，形成并维持着一个卓越的商业都会，一个代表接受欧洲文化模式之前，中国本土城市化所达到的最高城市水平。”大批西方国家的商人涌入汉口，开设洋行，继而开设银行。洋行是外雇资本在中国的通商口岸开设的经济组织，它拥有雄厚的经济实力，兼营多种业务，包括进出口贸易、出口加工、交通运输、货栈、银行、保险业务。仅在 1891 年前，在汉口经营的洋行就有 32 家，其中英国人开设的洋行占半数，其次是德国、俄国和美国的，比较大的洋行有英商怡和洋行、宝顺洋行、太古洋行，美商美孚洋行、琼记洋行，德商美最时洋行，法商永兴洋行，以及俄商的新泰洋行、顺丰洋行、阜昌洋行。到了 20 世纪初，汉口的洋行超过百家，汉口逐渐成为中国仅次于上海的金融商贸区。1862 年，被称为“洋行之王”的英商怡和洋行在汉口设立分行，最初主要经营轮船业，后扩大经营进出口贸易。据《武汉市志・对外经济贸易志》记载，怡和洋行内部设立船头、银行、保险、进出口四个部门，其中船头部下设立轮船、趸船、码头、堆栈四个办事处，办理各种航运业务；银行部开办有利银行，专门办理货物信托业务；保险部经营各种水火保险业务；进出口部经营茶叶、棉纱、棉花、牛羊皮、五金机械业务。怡和洋行拥有客、货轮 20 多艘，行驶汉申、汉宜、申宜、宜渝等航线，在长江航运中具有举足轻重的地位。以汉口为中心的长江航运业的发展，促进了长江沿线的货物流通和进出口贸易发展。外国洋行获得资金融通的便利，使得外商的贸易日益繁荣，汉口的贸易量大大增长。据江汉关的统计数据，1902 年汉口进出口货物共计价值 100321.1 万两白银，1910 年增长到 15219.9 万两白银，汉口外汇行情完全被外国银行操纵。1877 年，武汉的江汉关成立，繁盛的大宗茶叶贸易，催生了近代汉口海关制度，这是“汉口开启城市近代化的历程”的象征。外商银行一家一家在汉口出现，它们之间的竞争日益激烈，这些外国银行为大宗的茶叶贸易提供了充裕的资金，外国资本的进入进一步促进了中国本土的金融业与世界的接轨，大大推动了经济对外开放的进程。这种对外开放表现在汉口已经成为高度开放的国际商业都市，先后有大大小小 20 多个国家在武汉设立领事馆，英、法、德、俄、日等国还在汉口建立了租界，其数量与规模仅次于上海。

俄罗斯恰克图茶叶批发库，中俄茶叶贸易首次交易地 李皖摄影

驽船和冰橇穿越贝加尔湖，曾是万里茶道上的一条捷径 李皖摄影

万里茶路开辟的多条交通运输线路成为“一带一路”的今生前世

在长达两个多世纪的中俄茶叶贸易活动中，晋商开拓的万里茶路被俄国人称为“伟大的茶叶之路”，这是一条水路兼程，翻山越岭，要经过蒙古荒漠、西伯利亚雪原、乌拉尔山脉的艰难商道，它是近代交通史的伟业，它是近代经济全球化的见证，它是东西方不同文化交流融合的成果。

这条万里茶路无论在中国境内，还是在俄国境内还有几条分叉的路线。如从湖南资江两岸的安化启程，历史上曾经有四条不同的路线，大部分是将初制的黑毛茶，北上汉江，到距离襄阳北 80 公里的老河口（不是晋商输往俄国茶叶的船只到襄阳再转唐白河去赊店）转行汉江的支流丹江，在陕南的丹凤县龙驹寨上岸，用骡马运往安康，一直西行到距离西安北 200 多公里的泾阳压砖，再输往西北的陕西、宁夏、甘肃、青海、新疆和中亚国家哈萨克斯坦、吉尔吉斯斯坦、乌兹别克斯坦、塔吉克斯坦等国。这条线路一直继续到 1938 年湖南白沙溪黑茶厂的创建人彭先泽先生研究出砖茶压制技术，不再到泾阳压砖茶为止。清末左宗棠主政西北，整顿西北茶政，使故乡黑茶占据西北市场，至今不衰。

2014 年 8 月至 10 月，武汉市政府组织“重走中俄万里茶道”，这个 18 人的采访团在 56 天里从武夷山乘越野车和大巴车走完了中俄万里茶路 1300 多公里的全程，一直到圣彼得堡，是全球第一个乘车走完全程的万里茶路考察采访团。他们在西伯利亚的伊尔库茨克的当地博物馆了解到，在 18 世纪末，伊尔库茨克茶商格里高利 · 舍利霍夫还开辟了从伊尔库茨克到北美阿拉斯加的运茶路线。他成立了北美贸易公司，将从恰克图买进的中国砖茶，以伊尔库茨克为起点，往东北方向穿越远东的荒原和冻土地带，渡过冰封的白令海峡，一直到遥远的阿拉斯加。1867 年，美国政府以 720 万美元向沙皇俄国购得阿拉斯加，使其成为美国在海外的一个省，以后通往阿拉斯加的茶路中断，这条通往北美的茶路虽然只存在几十年，但是它揭开了万里茶路除穿越亚欧大陆外，还曾经一度延伸到北美大陆的鲜为人知的历史。

1863 年以后，俄国茶商到汉口和羊楼洞开设茶厂，俄商没有走晋商取道汉江北上的运茶路线，他们认为这条路途漫长而艰险，路上耗费的时间太长，成本高。他们改走长江的黄金水道，从汉口顺流而下到上海，再北上天津，从紫竹林登陆走海河，到北京南的通县，再从张家口通过 1500 公里的张库大道到库伦，北上 300 多公里至恰克图。从路程和时间上比晋商的运茶路线节省了许多，运茶的成本也减少了。1891 年 4 月，俄国皇太子即以后继位的最后一位沙皇尼古拉二世访问汉口，他此行的最终目的地是海参崴，他去参加横贯俄国的西伯利亚大铁路（全长 9282 公里）的开工典礼。在汉口期间，他参加了俄国新泰洋行 25 周年庆典，同时提出等以后西伯利亚铁矿路建成贯通后，所有在汉口的俄国茶厂生产的砖茶全部从上海北上经日本海到海参崴（俄国人称为符拉迪沃斯托克，俄语谓“控制东方”）。1904 年西伯

俄罗斯莫斯科“茶叶与咖啡”的中国风 李皖摄影

利亚铁路通车，是年，来自汉口的砖茶全部通过长江到上海，再由上海通过定期的海轮运往海参崴，然后从西伯利亚铁路运往俄国全境。

除上述的多条陆路外，俄国还开辟了一条通往欧洲的海运路线。其实，早在俄国人之前，来华采买红茶的英国商人就从南方茶区将茶叶从长江运到上海南下广州，再穿越马六甲海峡、印度洋运到欧洲。1869 年，英国人建成的苏伊士运河开通，从红海通过苏伊士运河就到了地中海，从东方通往欧洲的路程大大缩短。1881 年，俄国茶商开辟从汉口到上海到地中海再到黑海港口城市敖德萨的轮船定期航班。在高峰时期有 8 条“飞箭”型的轮船运载汉口俄国茶厂生产的砖茶，成本比陆路运输降低不少。到 1902 年运茶的总量达到 126889 担，价值白银 1942588 两。

这些运输茶叶的不同路线证明早在几百年前，通过茶叶贸易，中国开通了通往中亚、西亚，直至欧洲大陆的交流传播亚欧不同地区文明的国际商道，它不是古代丝绸之路的简单再现，而是近代经济全球化、东西方文明融合的结果。同样，中国茶叶外输欧洲开辟的海上运茶航线对今天重建“21 世纪海上丝绸之路”是很有意义的借鉴。

到了 20 世纪初，英国人在印度发现成片的阿萨姆野茶林，并开发了印度和斯里兰卡红茶，使世界茶叶市场的格局发生巨大变化。西伯利亚铁路的通车，使得茶叶运输的交通路线发生重大的改变。加之俄国的十月革命和中国的辛亥革命产生的巨大社会变迁，曾经繁盛了 200 多年的中俄万里茶路终于无奈地淡出历史舞台。这是社会与经济现代化发展的必然。作为一条历史上的商道，今天它已经不复昔日辉煌，但是那些以茶叶贸易为主线所伴生的物质和非物质文化，在沿途留下丰富珍贵的历史遗存，它们所显示的厚重的兼具地域性和文化多元性的特点，见证了我国明代以后商品经济的发展以及同一时期中西文化交流的深入发展。从这个意义上说，评价中俄万里茶路的历史价值和当代意义，对于研究中国茶经济和茶文化的历史，乃至世界交通运输史、国际贸易史都具有重要的价值，是全人类共同的精神财富。

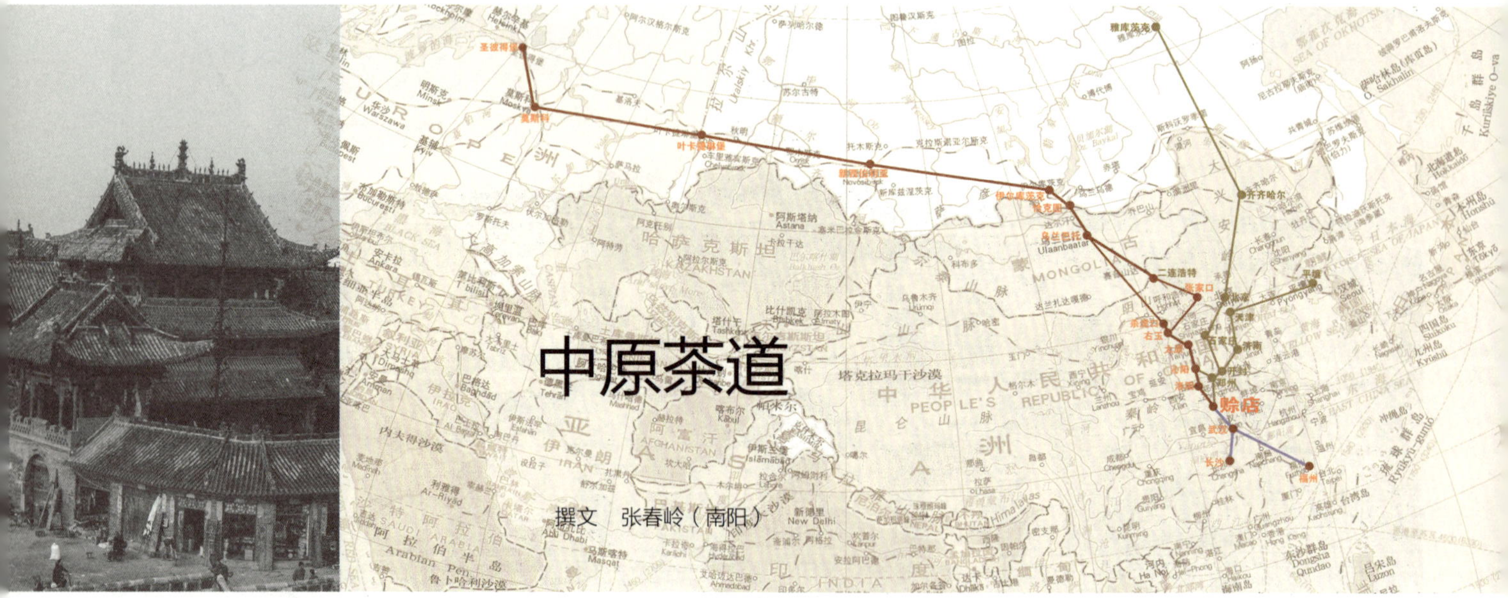

中原茶道

撰文 张春岭（南阳）

从赊店出发的茶路

一、选择赊店

清代中晚期，一组满载茶叶的船队在汉口溯长江而上，在汉水中航行，不知不觉间，已经进入中原茶道了。

“舍近求远”

根据清代的交通条件，如果将茶叶从武夷山运至张家口，有一条最短的路线。从武夷山经两湖入长江，由江苏扬州入京杭大运河，逆流北上经苏北、山东、河北，直达北京，最后到达张家口。这条路，比茶商们实际选择的从福建武夷山开始，行经长江、汉水、唐白河，至河南赊店（今社旗）转旱路，穿越豫西和山西，到达张家口，路程将缩短约1000里。

茶商们放着近路不走，却要选择从赊店走陆路的路线，根本原因在于，运河线路距离虽近，运输成本又低，却太挤了。明清年间，运河为官方通道，官方通过南粮北调（史称“漕粮”），补充京城和边关用粮。再加上沿途百姓短途运输船，每日行于运河者，不少于两万艘，运茶船队挤不进去。就算挤进去，因运河中船太多，航行速度太慢，每天前进不了多少，而茶叶多在谷雨前后采摘，经一个月加工，四五月间运送，秋冬间抵达俄罗斯。而四五月间正值大批漕粮上调之时，茶商们只好忍痛割爱。

茶商的主体是晋商，绕行河南，也是晋商生存理念决定的。他们要舍近求远，避开官家严密控制的运河水道。看上去走的是远路，因为加快了速度，争取了时间，总体上还是比走运河划算。晋商选择这条道路，还有一个原因：河南与山西接壤，从语言到饮食习惯，有相同之处，早日进入河南，又可以吃上北方的面食，解决长时间不适应吃大米的问题。到河南，算是到了家门口。第三个原因，万里茶道入豫后，晋商可以从主商道上的赊店、洛阳、孟津等重镇，集散货物，通过河南境内水陆交替的东西次商道，将货物集散到周家口、北舞渡乃至朱仙镇、开封城。

“走小避大”

运茶的船队扬帆北上，到了襄樊（襄阳）的豆腐湾，却面临着再一次的选择。此处为唐河与白河的交汇处，自汉水而来，船行 50 多里，这一段的河道是唐白河，下一步究竟是溯白河而上，还是溯唐河而上？

白河途经南阳府，是豫西南第一重镇，而且有宛洛古道可直达洛阳，但白河的河道却让人头疼。白河水位随季节而变化，一年中有半年都是枯水期，不能通航。即使在降水量较多的季节，由于河道宽阔，浅滩很多，船一旦搁浅，便需要船家刨沙开泓，民间有谚语说：“白河泓是流沙泓，白天挖开晚上平，热死冻死难畅通。”

唐河就不一样了。虽然全长只有 100 多公里，但河道较深，水量充足，常年可以通航，唐河尽头的赊旗镇，经过明末清初的发展，已经成为一座商埠重镇，是南北九省商品集散地，山西客商在那里占主导地位，到赊旗，简直就像回到家里一样。精明的茶商经过比较，自然选择了溯唐河到赊旗的航线。

运茶船尚未进入赊店码头，已经在数里之外听到喧嚣的市声，几条过载行的小划子迎上来，洽谈装卸业务。到了赊店码头，泊舟靠岸，自襄樊至此的 350 里水上行程结束了，下一步，告别了船帆，告别了水上的生活，就要靠车载、马拉、驼运北上，继续中原茶道的行程。

茶道枢纽

鲁迅文学奖获得者、社旗籍著名作家周同宾说：“赊店是一部大书，厚重而深沉，丰富而隽永。”从研究万里茶路的角度讲，赊店是仅次于“东方茶叶港”汉口的一个重要的节点城镇，在万里茶路上具有无可替代的枢纽地位。

清代，赊店是晋商南下北上的必由之地，是会通南北的咽喉。晋商从南方采购丝绸、瓷器、茶叶、竹制品、桐油、猪鬃等之后，走江河湖泊用舟楫等运输，过赊店以后用驼队、马帮等驮运，经中原大地直至山西。晋商从北方和国外采购金属器物、粮食、布匹、棉花、颜料、盐、糖和食油、中药材、乐器、工艺品、皮革、呢绒、人参、鹿茸、枸杞、香料、玉石、菜种、玻璃器皿等货物后，以驼队、马帮等经中原大地运到赊店，再用舟楫等运至江南各地。这样，赊店就成为晋商南下北上的主要水陆码头。

赊店是水路运输的终点，是贩茶运茶的中转站。万里茶

社旗山陕会馆内的悬鉴楼 张春岭供图

昔日繁忙的赊店码头　张春岭供图

路从功能上区分，可以分为三段：第一段，汉口以南的茶叶生产加工区，根据时间的不同，福建武夷山、湖南安化、湖北羊楼洞，因为是茶叶生产基地，都可称为万里茶路的源头；第二段，从汉口出发，北至长春，东到沙虎口，西到张家口，是茶叶的运输区；第三段，内蒙古、蒙古、俄罗斯，是茶叶的消费区。

选择赊店作为水陆运输中转站和货物集散中心，并不是茶商的发明。赊店具有得天独厚的地理位置，潘河、赵河在此交汇成唐河，有便于中小型船只航运的河道，有便于装卸货物的码头，早在乾隆年间，已经成为"南船北马、总集百货"的重要商埠，具有为商家提供各种服务的会馆、镖局、票号、过载行、骡马店。所以说，万里茶路选择赊店为中转站，是历史的必然。

赊店是陆上运输的起点，有四条茶路从赊店出发。茶叶自汉口进入赊店，从赊店出发，向北、东、西北延伸，形成了四条茶路。第一条路向北，又从山西到山东，沿着运河到天津，再到朝鲜半岛，数量不太多，但是一条固定的线路；第二条路从赊店往北走，走郑州到开封，然后向河北的方向走到北京，继续向北走到齐齐哈尔，继续向北到西伯利亚；第三条是从赊店到洛阳，从郑州西过河到山西晋中等地，走张家口，出口就是内蒙古，经蒙古一直到俄罗斯；第四条是主线，从赊店走洛阳，经山西杀虎口到归化（今呼和浩特）、库伦（今蒙古国乌兰巴托），绕过贝加尔湖、西伯利亚、莫斯科到彼得堡，这一条就是我们常说的万里茶路。

在有关万里茶路的文献《行商遗要》上，周边节点都要标明它们与赊店的距离，如"禹距赊三百二十里""襄距赊二百三十里"等，表明了赊店这一陆路运输地点的独特地位。

赊店与当年茶商的关系最为密切。光绪三十年《南阳县志》记载，赊店"地濒赭水，北走汴洛，南船北马，总集百货，尤多秦晋盐茶大贾"。清代实行盐业专卖，盐商的富有天下闻名，将盐茶大贾相提并论，可见当年赊店茶商的分量和地位。赊店山陕会馆石牌坊前，有一通《重修山陕会馆碑记》，石碑背面镌刻有"捐资商号名录"，赫然排列在第一位的，是"盒茶社四千五百两"，还有"蒲茶社三百六十两"。山西常万达行商于库伦和恰克图，拓万里茶路，从事对蒙古、俄罗斯贸易，是中国北方最大的外贸世家。共开设"十大德""十大玉"共 20 家商号，在赊店就开设有大德玉、大升玉、大泉玉多家分号，山西茶商在重修山陕会馆时，捐银数量占募集总额的 1/3 以上，足见茶商资本之雄厚。为了求得关老爷的保佑，盒茶帮多次向山陕会馆捐赠巨幅的刺绣。

赊店的茶路文化遗存最为丰厚。咸丰年间，太平天国运动给当时的政治、经济、文化造成了严重的创伤。茶商的茶

河南方城扳倒井 孙宇摄影

叶采集转向了安化、羊楼洞，赊店成为万里茶路枢纽，引发了赊店的再次繁荣。赊店也因此遗存了大量的茶路文化遗迹。

社旗境内有保存完好的万里茶路水路运输最末一段的航道，有完整的码头遗迹，有原汁原味的陆路运输的第一公里遗存，有可称为万里茶路第一桥的北大石桥。赊店镇作为中原明清第一古镇，清代七十二条街的肌理保存完好，赊店山陕会馆与汉口山陕会馆的建造年代、因太平天国或捻军被毁的命运相同，重修时都得到了茶商的鼎力相助。为茶商服务的镖局、票号依然存在。大升玉茶庄仍然在进行经营活动。所以说，研究万里茶路，重走万里茶路，沿万里茶路观光旅游，赊店是必到之处。

二、从赊店出发

孔祥毅教授研究发现，从赊店出发，向北、东、西北延伸，形成了四条茶路。孔教授提出的四条茶路，是以到达的终点划分的。如果仅仅从赊店出发的角度，可以归纳为到洛阳和到郑州。当然，从赊店到洛阳是主线。

西北望，是洛阳

从赊店上岸的茶商，开始改用牛车、马车，驼、骡驮运的陆路行程， 经裕州（今方城）、叶县、宝丰、汝州、洛阳直抵黄河南岸的孟津渡口。

方城素称“五界一口”，处于北亚热带与南暖温带、长江流域与淮河流域、南阳盆地与黄淮海平原、伏牛山脉与桐柏山脉和华北地台与秦岭地槽的五个自然分界线上，东北部是全国九大隘口之一的方城缺口。这个缺口被称为南襄隘道。这是中原地区通往南方的通道。许平南高速要从这里通过，焦枝铁路要从这里通过，拟修建的郑渝铁路（郑州—重庆）铁路也要从这里通过，在地理条件没有发生大变化的情况下，现代人和古人在陆地上的选择并不会有太大的区别。

从方城县城向北行 13.5 公里处的古驿道上，有一座扳倒井驿站。传说，西汉末年，刘秀北上伐莽路过此地，由于长途跋涉，又正值盛夏，军士们干渴难耐，刘秀见林间乱石中泉水细溢，遂命将士扳石得泉，本地居民便于光武扳石得泉处掘井为饮。刘秀再次率军路过此地，军士战马皆于此井汲水为饮，刘秀说：“井水如此清澈如涌，真如井扳倒矣！”后人遂将其更名为扳倒井，并于井北建光武庙，四时祀之。

过方城之后，下一个重要的节点是汝州的半扎了。半扎村曾叫半扎镇。当时，汝州管辖四个县，粤晋古道在这一带有三个重要的站点，分别为宝丰的大营、汝州的半扎和临汝。临汝到半扎要通过汝河、燕子河、蟒川河三条河流，大部分地区荒无人烟，虎狼出没，土匪劫道。大营到半扎，约 25 公里。

半扎村　李新建摄影

环境优美的汝州半扎村是古商道上理想的休息场所，半扎人纷纷建起旅店、饭馆，创造了“住不完的半扎店”之美誉。

贩茶晋商捐建的洛阳潞泽会馆

从这段路经过，一要防劫匪，二要让牲口歇脚，过往客商都要在天黑前到半扎歇脚。半扎人依天时地利人和之优势，纷纷建起旅店、饭馆，创造了古商道上“吃不完的大营饭，住不完的半扎店”的盛况。后来半扎又筑起了高寨，安全更有了依靠，在这里歇脚住店的商人就更多了。驼铃声中，商队向南贩运青海的食盐，向北贩运布匹、大米、茶叶和丝绸等。半扎有几十家专为骆驼队提供服务的骆驼店。有时寨内实在住不下，他们就把骆驼赶到西寨门外的麦场上。

茶商过半扎，终于到了九朝故都洛阳。清代的洛阳为河南府治。虽然这时它已失去了全国京都的辉煌地位，但因其地处中原，西接陕、甘，东达齐、鲁，北抵燕、晋，南通吴、楚，直到清末民初京广、陇海铁路通车前，这里仍然是全国水陆交通的重要枢纽。

洛阳是晋商南下、徽商北上、陕商东进的必经要地。洛阳老城现存的两处古建筑群，一是始建于清康熙、雍正年间的山陕会馆，为山西、陕西两省富商大贾集资所建；二是始建于乾隆九年（1744 年）的潞泽会馆，为山西潞安、泽州两府同乡商人集资兴建。潞安在今山西长治市，离洛阳约200 公里。泽州在今山西晋城市，离洛阳约 120 公里。这两地都位于晋东南，与洛阳隔河相望。因此，清代潞、泽两州商人在洛阳营建同乡会馆，作为他们越王屋、渡黄河后，南下经略江淮的重要馆舍，是很自然的事。

从赊店起运的茶叶，到达洛阳。在洛阳短暂停留后，茶客们将进行“自武夷山启程以来，最大的一次分流”。其中一个“小分队”折转向西，顺黄河到灵宝出豫，沿潼关到西安，然后经河西走廊到达兰州、凉州（武夷）。而大部分茶商，朝着北方草原继续北上，一路到达恰克图。洛阳成为茶路北上和西行的分岔点。

从洛阳向北到山西，有两条重要的茶道：一条是经过陕州（今三门峡）过茅津渡，经运城、临汾到晋中、太原，过雁门关继续北上；一条是经孟津过会盟渡入山西。从洛阳启程后，万里茶道只有不到百里平路，之后就进入太行山区，牛、马车都派不上用场了，一律改成骡子和驴子驮运。茶队进太行山前要渡黄河，必经渡口是孟津县境内的会盟渡。渡口木船很特别，船身较宽，船上没船舱，船板四周加围栏。茶队到此并不卸货，而是牲口驮货直接上船。经过近一小时航程，渡船到达黄河北。

过黄河到山西的晋城，茶商们有两条路可选：一条是沁阳道，向东北到沁阳，经“太行八陉”的“太行陉”进山西；另一条是济源道，向北直行 50 公里到济源，再东行入晋。

太行八陉即古代晋、冀、豫三省穿越太行山相互往来的8 条咽喉通道，是三省边界的重要军事关隘所在之地。太行

太行八陉图　陈庆功制图
太行八陉是古代太行山重要的八个东西走向的山谷通道。

陉在今河南省沁阳市西北 17.5 公里处，陉阔三步，长 20 公里。沿陉北上太行，在山西省晋城之南的太行山上，有关名曰“太行关”，又称天井关、雄定关。形势雄峻，素称天险。由此陉南下可直抵虎牢关，是逐鹿中原的要陉之一。茶商驼队行经“太行陉”，要经充分准备。茶商们准备了很多棕丝或兽毛的厚毯子，盖在牲口背上，再把驮架放在毯子上。驮架是用粗灌木烤制成拱门形，与牲口体宽相符，正好嵌放在牲口背上；驮架下方有木撑子，一左一右可放两个茶箱。第三个茶箱则放在驮架拱顶上，用麻绳拴牢。

羊肠坂是古坂道名，它像羊肠一样在山间崎岖缠绕、曲曲弯弯。羊肠坂南起河南沁阳市常平村，北抵山西晋城泽州县碗城村。这里是太行陉的最险要路段，辖古京洛要道之咽喉，地势险要，易守难攻，历来为兵家必争之地，具有重要的战略地位。

羊肠坂周边的历史遗迹星罗棋布，刀光剑影犹在眼前。主要有古代坂道 1500 多米，哨卡、城寨、题刻等十多处，现存建筑遗址有天井关、孔子庙、横望隘、碗子城、盘石长城、将军岩、磨盘岩、孟良寨、焦赞城等十余处。据有关史料记载，公元前 497 年，孔子游说赵国，曾过羊肠坡；公元前 262 年，秦将白起伐韩之野王，在野王屯兵期间，曾使人经羊肠坡至赵施“离间计”；206 年，曹操北征叛将高干，路过羊肠坡适逢大雪，面对军旅生活的艰辛感慨万千，写下著名诗篇《苦寒行》，羊肠坡也由此更名为羊肠坂。

从会盟渡向北约百里到达济源县，有太行、王屋二山。茶商要通过的最险要路段是轵关陉。轵关陉是春秋战国时期，三晋等诸侯国连通都城洛阳的要道。轵，战国时魏城，故址在今河南省济源市东的轵城镇。轵关陉的起始在济源县西 5.5 公里处，关当孔道，因曰轵关。轵关陉的最后一关为现侯马市南的铁铃关，形势险峻，有“封门天险”之称。自古为用兵之地。而另一条“济源道”，通过蟒河上的木拱桥望春桥，折转向东行进，相对容易许多。

从赊店出发的茶商，在中原茶道上，经洛阳，过黄河，经过太行山的艰难险阻，终于进入山西境内，回到了自己的老家，他们要稍事休息，继续走向漫漫的茶路旅程。

从赊店到郑州

《行商遗要》对这一段的茶路记载得很清楚：由泽（州）过太行山六十里至拦车宿。四十五里至邘郃宿。五十里郭村打尖，二十五里至温县宿。由彼早起二十五里至汜水北岸名平皋，过黄河南岸汜水县打尖，四十里至荥阳县宿。六十里至郑州宿。五十里至郭店驿打尖，四十里至新郑县宿。六十里至石固宿。五十里颖桥打尖，四十里至襄县宿。四十里至汝坟桥打尖，五十里至旧县宿。五十里龙泉镇打尖，四十里至裕州宿。五十里至赊旗镇（眉批：赊镇火食，每人钱一百六十，酒肉自备）。祁（县）至赊（旗）店十九站，计

古羊肠坂道　李亚锋摄影
沁阳古羊肠坂为古京洛要道之咽喉。

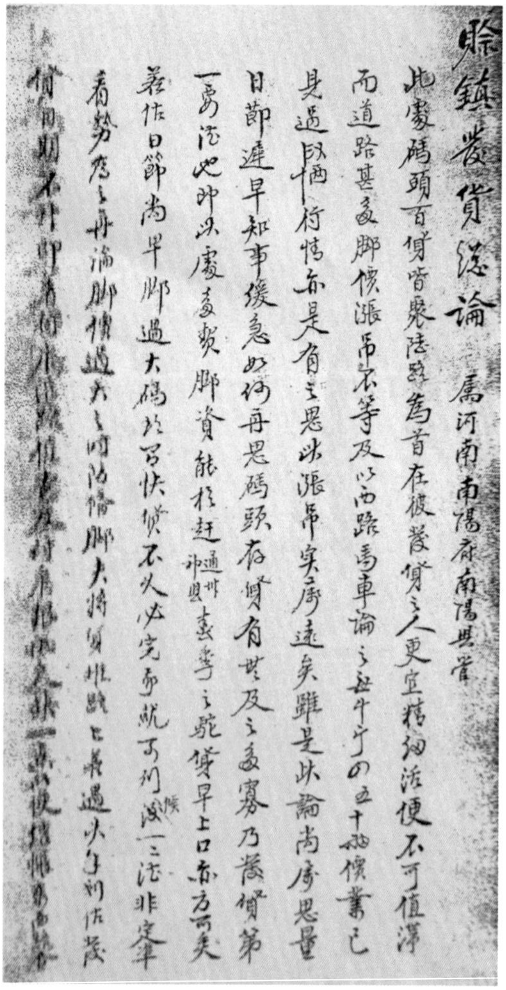

民国手抄本《行商遗要》 张春岭供图
《行商遗要》记录了晋商在万里茶路上办茶全过程，堪称茶庄从业者的行为手册。

陆路一千三百五十五里。其中从邘部到赊店约七百里。

这段记载，记的是茶商从祁县到赊店的路线。运茶时，从赊店到汝州，多数去了洛阳，一部分从汝州北上，到郑州，有从郑州西过黄河的，有从郑州到开封，再走山东境内的运河到天津，再向朝鲜半岛进发的，也有从郑州或开封向河北、北京方向，向东北到齐齐哈尔，再赶往俄罗斯的。

三、中原茶道的价值

由于地理优势，河南成为货物运输的交通枢纽和货物集散中心。河南境内古代交通线路四通八达，对研究当地政治、经济、商贸、人文状况等都具有重要的意义；河南茶道的兴盛加强了南北方经济和文化的交流、发展与融合。河南不仅成为受益者，同时也作为使者将南北方文化传播四方。通过南北方贸易往来，各区域在科技、风俗、经济形式等方面互相影响，加强了交流和沟通，相互融合，共同发展。

1. 中原茶道作为万里茶道中不可缺少的一部分，是一段写满开拓创新精神的道路。从茶道初入中原不走运河而选择唐白河道，到穿越充满艰难险阻的巍巍太行山，显示出晋商在经营谋略、成本控制中的创新精神。

2. 中原茶道带动了沿途经济的发展。为茶商提供配套服务的餐饮业、旅馆业、运输业随之兴旺发达，也给沿线的城镇带来了繁荣的机遇。从遭到捻军重创的赊店的二次复兴，到大营、半扎的兴起，再到洛阳、郑州发展的新活力，都离不开茶道所带来的机遇。茶道也为清政府国库收入作了很大贡献。如果没有当时巨额的厘金收入，清政府很难在平息太平军、保持大局稳定中有大的作为。

3. 催生或壮大了一批新兴产业。中原地区的土特产品随茶道行销到远方，如赊店的白酒、三粉，以及适应当时生产、生活需要的铜器、铁器、化妆品、中药材，向南北方向运销，为经济发展提供了可持续发展的保证。镖局、票号随之产生。

4. 文化的交流和融合。茶道上，晋商建会馆、修戏楼，传播关公的信义价值观，而中原的文明和文化也随之传播。晋商一入中原，因语言、饮食习俗与之相通，便有“一半儿回到家”的感觉，中原人民也积极为晋商提供服务，晋豫间人民的交流更加广泛。

5. 中原茶道为后世提供了独具特色的旅游资源。从赊店独特的水陆码头到天下第一会馆，从方城的南襄隘道到洛阳的会盟古迹，从太行八陉的羊肠坂到轵关，厚重的历史文化内涵、绮丽的山水风光资源，可以满足重走这条茶道的人们思古探幽、游山玩水的不同旅游目的。洛阳的牡丹花会、龙门石窟、白马寺，郑州的商都遗址、黄河游览区，开封宋都等，都是由这条茶道串起的粒粒闪光的珍珠，会让游客流连忘返。

6. 万里茶道申报世界文化遗产的活动，会极大提升中原茶道的知名度，为沿线城市的经济发展提供新活力。

河南借“一带一路”闯荡“世界江湖”

撰文　宋清辉（深圳）

当前，全国都在进行“一带一路”的布局，河南也不例外。在河南省 2015 年政府工作报告中，2015 年重点工作中明确写道：“深度融入‘一带一路’建设，推动中原腹地走向开放前沿。”郑州、洛阳作为丝绸之路经济带主要节点城市，郑欧班列已经成为新丝绸之路的开端；海铁联运、空铁联运以郑州航空港为纽带让河南与世界的联系也更为紧密。

物流驱动丝绸之路发展

关注历史上丝绸之路的起点到底是陕西西安还是河南洛阳，在“一带一路”的布局中并不重要。当大多数人在谈论互联网科技、资本运作的时候，“一带一路”成为了“三大支撑带”中的重要力量，这也意味着物流在我国经济发展中依然占据着主要地位。丝绸之路经济带的关键是物流，即依托交通引来物流并带动产业升级发展，最终形成整个物流运输带上经济体的共同发展。

周边区域的“强悍”令河南近年来卓越的发展并没有引起人们的关注。河南以北，京津冀一体化协同发展的河北，也是“三大支撑带”中重要的环节；河南以南，湖北、安徽也受益于“三大支撑带”中的长江经济带；河南以东的山东，也受益于“三大支撑带”，在国家三部委联合近期发布的《推动共建丝绸之路经济带和 21 世纪海上丝绸之路的愿景与行动》中，明确了青岛、烟台等沿海城市港口将成为“一带一路”特别是 21 世纪海上丝绸之路建设的排头兵和主力军；河南以西，拥有十二朝古都的陕西，其旅游资源在“三大支撑带”丝绸之路的作用下得到了充分的释放。

人们关注较少的河南省通过战略布局发展，早已从农业大省发展成为农业、工业并存的大省。2010 年，苹果手机最大的组装生产企业富士康入驻郑州航空港，以苹果手机为代表的智能终端生产的发展以及国际航空物流吞吐量的迅速增长，郑州航空港开始在国际航空物流中崭露头角。

除国际航空物流外，郑欧国际铁路货运班列已经将河南打造成为新丝绸之路上的起点。郑欧班列从郑州驶向德国汉堡，经新疆阿拉山口出境，途经哈萨克斯坦、俄罗斯、白俄罗斯、波兰等地，全程 10214 公里，全程运行时间 11 天到 15 天。看似用时很长，但这趟列车用时方面能比海运节约近 20 天，在资金方面能够比空运节约近 80%。

借助物流优势来发展

郑欧班列在开通不到两年的时间里，取得了卓越的成绩。数据显示截至 2014 年年底，郑欧班列累计运载货物 4.43 万吨，运载货类已达 1000 余种，涵盖工业生产、日常生活各种生产资料产品。在国内，班列货源辐射地达 1500—2000 公里半径，覆盖全国四分之三的省份。在欧洲，分拨站点覆盖欧洲和中亚 105 个城市，具备覆盖欧洲全境的能力。经过一年半的运营后，郑欧班列境内外合作伙伴已经达到近 400 家，运输成本还在不断降低。

就上述这些数据而言，将郑州作为丝绸之路的新起点并不为过。此外，郑州是京珠高速、陇海高速、京珠铁路、陇海铁路的必经之处，加上郑州航空港的运行，郑州已经形成可以实现“三路互转”的城市，即可以通过郑州实现国内高速公路、国内外铁路、国内外航空线路的相互转化，重要的交通枢纽也将成为河南“一带一路”发展得天独厚的优势。

郑州航空港并非普通的飞机场，而是郑州航空经济综合实验区和郑州新区的重要组成部分，是国务院批复的全国首个也是唯一上升为国家战略的航空港经济发展先行区，是围绕新郑国际机场开发建设起来的一个重要的经济发展区域，未来将成为中国重要的国际航空物流中心。

郑州航空港和郑欧班列当前发挥的作用不可小视，这对河南整体而言是一大优势，这种优势如果能够和其他省市的优势形成互补，更能够发挥出“1+1>2”的作用。

作为中国重要交通枢纽的河南，成为了我国中部、西北、华北、东北地区货物的主要集散地和中转站。2015 年，除了郑欧货运班列，郑州还实现了到哈萨克斯坦第一大城市阿拉木图和俄罗斯莫斯科两条铁路货运线路的开通，并将实现

常态化开行，这也意味着河南正在成为中部亚欧大陆桥“一带一路”的新起点。

这新起点的建立也将形成聚集效应，吸引各类企业向河南聚集。要想富，先修路，河南修出的这条大路，未来将发挥出重要的经济效益。

企业也要修炼内功

与沿海省市相比，河南地处内陆且对外开放程度较低，积极融入、主动对接“一带一路”战略是实现对外开放突破，同时也是对河南升级改造的重要机遇。从目前的行动情况来看，河南在努力做着对内、对外两件事。

对内是在继续规划建设产业集聚区、商务中心区和特色商业区，并充分利用新时期发达国家和沿海地区产业转移的历史机遇，以促进经济结构转变，提升发展质量，更好地迎接对外开放。对外就是通过航空港、郑欧班列加快省内企业走出去战略，积极参与全球产业分工。

随着郑州航空港和郑欧班列与世界各地的联系紧密，中国与世界的关系越来越友善，并在各种项目中取得了经济、技术、人才、发展的共赢。在这种背景下，河南与世界的距离也在缩小，在河南开始向全球进行投资的同时，河南也开始受到世界各地资本的青睐。

从当前的情况来看，世界资本对河南的投资已经从最初的贸易、货物、产品的流通逐渐过渡到人员互通、人才互访，技术、资源方面的交流也越来越频繁，具备发展潜力的中小型企业也被世界所重视。但需要注意的是，无论哪个国家、哪个地区，海外资金更希望在完善的环境中进行投资。

这也表明，河南企业与世界接轨也必须具备一定的“内

郑欧国际铁路集装箱货运班列运行路线示意图

功”。第一，企业需要在产品的设计、生产、研发过程中对是否达到技术标准、是否符合安全标准、产品质量是否过关等标准进行严格检验；第二，不能将创新放在口头，而是要真正引入先进技术和人才，研究通过实现技术升级，提高产品质量，提高成品的生产效率；第三，需要提高原材料的使用率，减少对不可再生资源的依赖，让生产更为绿色；第四，企业在发展过程中需要对环境保护负责，绝对不能“先污染后治理”，更不能“牺牲环境换金钱”，要避免生产任何一环节对生态环境如大气、水、土壤的污染；第五，企业在人员的培养上不能吝啬，要愿意对员工进行再教育，培养专业性、多元化人才，更好地推动企业实现世界化；第六，业务流程规范化、制度化、法律化，工作严谨认真不走人情。

一家企业或许说明不了太大问题，但如果大部分企业都能够提升自己的内功，在生产流程、产品质量、环保节约等方面都做到了无可挑剔，在行业中令人赞叹，那么即使此地交通不便利，世界资金宁可自己造桥修路也要与其进行合作。更何况，我们已经将铁路和航空港修好了。

在开门迎客的时节里，做好自己也非常重要。

政府别忘了简政放权

对于河南而言，发达的物流建设最终会吸引到一拨拨的海外人流，正是由于河南省对外开放程度较低，政府更应该在开放的过程中简政放权。“一带一路”不仅仅是货物的物流，只有买卖双方达成了共识才能达成交易，而如今的买卖双方很可能是两方肤色不同、语言不同、文化不同的两国人。

虽然说促成交易、促成合作是市场行为，但在“一带一路”起步阶段，政府对国内外双方的撮合有利于夯实“一带一路”顺利实施的基础。货物的交易有时候需要多次沟通，也意味着交易双方会多次接触，往来顺畅意味着通关需要便利以及对外贸易流程简化。如果行政审批手续依旧烦琐，不少交易或许会因为“麻烦”而搁浅。

合作的过程中，企业需要遵守市场运行的基本原则，如优化生产流程、在产品货物运输的过程中保证其安全、降低货运的成本、投放销售的市场、市场准入条件、海关审查等，而一旦涉及政策，就由不得企业说了算。因此，政府所扮演的角色相当重要，不仅要和当地企业进行沟通，更需要和外资企业进行协商，以告之其当地政策、周边政策以及国家政策，避免外资企业在投资过程中出现因对政策理解不足而产生不必要的误解的情况。

政府的角色固然重要，但政府也不得干预市场，更不能干预投资、合作、交易计划。政府需要做的是简政放权、帮助企业走出国门、吸引外资进入国门、维护市场秩序，其他的还真需要放手，让河南的中小企业好好地在正在铺设的“一带一路”上闯荡 “世界江湖”。

世界秩序的构建之路

撰文　姚中秋（北京）

人类能否建立和平的世界秩序，仰赖于人类各大文明演化而成之教化体系：非中国式以神教为中心，中国式以文教为中心，而涵容各种神教。

近世以来在世界上快速传播的西方神教教化体系及其现代衍生品如当代的普适价值论，试图让人们归宗于唯一的整全性实体价值体系，这注定引发诸神，也就是诸文明之紧张和冲突。

相反，成长于中国的文教中心的教化体系，并不寻求价值的整全性，而只提供一套程序性价值，因而具有宽容品质，有能力容纳并柔化各种神教，从而形成一体多元、和而不同之宗教、价值格局，这是天下一家之唯一可能的出路。

东西方文明与大航海事业

中国人以南洋朝贡贸易为载体，参与构造了人类第一个严格意义上的世界经济体系

在16世纪之前，地球上存在着若干基本上相互隔绝——至少没有深度交往——的文明体。这其中，华夏—中国自成一体，并构造了一个逐层扩展的天下秩序。最为可观的是，至少从尧舜时代开始，华夏—中国就一直保持着文明的连续性。今天的中国人依然托命于尧舜禹汤文武周公之道统。

15世纪的大航海事业，开始构造整全的世界。不过，首先展开这一大航海事业的，实为中国人，即明初郑和之下南洋（今东南亚）、西洋。永乐三年（1405年），郑和第一次下西洋；至1415年后，葡萄牙亨利王子的远征船队才开始非洲西北部的探索，陆续发现加那利群岛、马德拉群岛、亚速尔群岛，以及位于非洲和巴西之间的佛得角及佛得角群岛；然后，到1488年，迪亚士发现非洲好望角；1492年，哥伦布发现美洲大陆；1521年，麦哲伦到达菲律宾。实际上，早在郑和下西洋之前的宋元时代，中国商人就已进入南洋从事贸易活动。郑和下西洋深化了这层关系。

郑和中断下西洋行动之后，在国际贸易中，中国政府不再在场——正是这一点，让中国在后来的海洋秩序中未能发

郑和塑像

江苏省张家港郑和下西洋遗址内仿造的郑和宝船

挥主导作用。不过，下西洋之路并未因此而封闭。事实上，郑和之创举打通了海上航路，构建了国际贸易网络。郑和船队人数众多，有些人留在南洋、西洋。大多数船员回国，把航道，有关南洋、西洋地区的知识与国际贸易机会，传遍沿海地区，民间国际贸易事业蓬勃兴起，其规模远超郑和船队的规模。

这种贸易带动中国经济发生了一场巨变。第一，货币白银化。从明代中期开始，由于贸易顺差引致美洲白银以及后来的日本白银大量流入，白银成为国内交易乃至财政收入的主要货币。这一相对稳定的货币又刺激了中国经济的繁荣。第二，早期工业化。日趋扩大的对外贸易，给中国的丝绸、瓷器和后来的茶叶等产品，打开了广阔的国际市场，从而推动了中国经济结构的变迁与速度的提升。尤其是在江南，出现早期工业化。第三，人口快速增长。由于经济增长，以及美洲引入新作物之种植，人口得以持续增长，从明朝中期的1.5亿增长到道光年间的4亿。

由此，中国人以发达的农业、早期工业为依托，以南洋朝贡贸易为载体，参与构造了一个对整个世界开放的经济体系，东南亚、日本、印度、阿拉伯世界、欧洲、新发现的美洲等都卷入其中，这是人类第一个严格意义上的世界经济体系。在此基础上，伦理和政治意义上的世界体系逐渐显现，中国在其中是一个自利利人的重要主体。

欧洲人是世界体系的后来者，却凭借国家权力的深度介入，迅速取得优势地位

相对于中国人，欧洲人是这一世界体系的后来者。但欧洲人甫一进入，即显示出其巨大优势。欧洲人的大航海与其宗教改革和国民—民族国家构建几乎同时起步，形成了三项高度组织化的利器：

第一，国民—民族国家（nation-state）。欧洲各国国王的民族意识觉醒，摆脱罗马教会的精神支配，树立自己为主权者，国民—民族国家由此起步。相对于此前的国家，这种国家的组织化程度大幅度提高，以国王为首的、权力极大强化了的政府，对整个社会具有强大的资源动员能力。而且，这种国家从一开始就是民族主义的，因而带有帝国主义品性。

第二，公司。相对于此前的国家，新兴的国民—民族国家是物质主义的。具体地说，这些国家全部奉行重商主义政策。国家积极追求财富的增长，为此而积极借助国家权力构建经济组织，从事经济活动。比如，组建殖民地公司，政府赋予其特权，并提供政治与军事保护。这些公司具有强大的远程贸易能力。

第三，基督教会。新教革命之后，新教的欧洲国家的教会国家化。控制范围缩小的罗马教会急于寻找新的拯救对象。宗派林立的新教教会同样不满足于狭小的传教范围，而积极寻求对外扩展。所有这些教会均具有强大的教会组织体系，商船队的拓展和殖民军队的海外征服，给传教士提供了现成的拯救对象。

总之，就在大航海的同时，欧洲出现了三个组织化程度很高而又内在地具有对外扩张倾向的制度：积极对外殖民的国家、获得国家支持的公司、同样获得国家支持而积极对外传教的教会。因而，尽管在世界体系中欧洲人是后来者，他们却凭借着有力的国家权力的深度介入，迅速取得了优势地位：公司对外贸易，重构全球贸易体系，逐渐获得主导权；国家对外征服，在海外建立殖民地；教会对外传教，在海外建立教会组织。三者密切配合，交相为用：公司为了获取利润，把触角伸向各地，并寻找可征服的对象；政府征服那些有利可图的地区；教会随之跟进，以统一的信仰整合被征服地区的民众。

由此可以看出，欧洲人建立世界体系的基本原则就是力量，力量的源泉则在新的国民—民族国家。主权性国家具有强大的力量，很自然地，国家间关系的基本形态就是强权政治。欧洲各国也毫不犹豫地在欧洲之外运用这种力量，竞争性地使用，构建以自己为中心的世界体系。

治理理念与国家能力的差异，导致中国在世界体系中的相对劣势越来越明显

中国的行为模式与欧洲完全不同，这由双方不同的治理理念与制度决定。儒家士大夫多认为，为政不可“生事”。为此，政府必须自我约束：“道千乘之国：敬事而信，节用而爱人，使民以时。”孔子的为政观念在西汉中期以后被治国者所奉行。政府的职能不是谋求财富，而是协调不同的利益。政府在财政、人力资源的使用上是节制，不与民争利，没有多大兴趣保持资源的高动员。传统的中国政府是一个倾向于不作为的“小政府”。

事实上，唐宋以后，政府的控制力在持续下降，一个简单的数据即可说明这一点：东汉人口峰值约为 6000 万，北宋超 1 亿，清道光后期人口过 4 亿。然而，据历代史志记载，东汉中期，全国有县、道、侯国 1180 个；北宋设县 1262 个；1820 年，清代设县 1455 个。趋势是明显的：近两千年来，中国人口在缓慢而持续地增长，但作为临民之官的治理单位之县，数量基本保持不变。尤其到了清代中期，每县平均人口几近汉代时的 7 倍。由此可以推测，县级政府，进而整个政府体系向民众供应公共品的能力在持续下降；相应地，基层社会自我治理高度发达，承担了社会管理的大多数职能。由此造成的政治后果是：国家趋向于碎片化，政府的整合能力下降。

这一变动趋势，恰与同时代的西方相反：大航海时代的国民—民族国家构建和宗教改革，都在强化国家的权威和控制力，国家组织化程度大幅度提高。借助一套新兴的意识

哥伦布在航海出发前与西班牙女王告别

形态和政治制度，政府可大规模、高强度地直接动员普通民众——这一点，颇类似于战国时代之各国。随着公司制度兴起，国家财政收入大幅度提高，政府可支配的力量大幅度提高，政府也有积极行动的强烈意愿。而由这样的政府所塑造的强权政治，也带来国家间的激烈竞争，竞争压力反过来又迫使国家不断提升自己的资源动员能力。

如此演变，到了 18、19 世纪，在新兴的世界体系中，中国的国家能力明显地弱于欧洲各国。因此，尽管中国人早于欧洲人到达南洋，欧洲人也急于获得中国的产品，但中国商人的贸易一直仅限于中国、南洋之间，而不能向外扩展；由于政府的退缩，这些商人甚至没有合法的身份。大量中国人也移民南洋，拥有巨大影响，但由于政府未能出面，故这些中国人始终没能在南洋拥有政治地位，也不能获得本国政府的远程保护。而欧洲人虽然晚到，其在南洋的移民也微乎其微，但凭借着军队和教会，欧洲人建立了殖民地，将其纳入本国政府的直接管控之下。

正是治理理念与国家能力的差异，才导致在这一世界体系中，欧洲逐渐取代中国成为中心，没有谋取主导权之意志的中国反而从相对的中心边缘化了。18 世纪后期，从英格兰开始，欧洲发生了现代工业革命，生产技术实现一次突破。欧洲的力量，包括贸易和战争的力量更为强大，乃进入帝国主义时代。中国的相对劣势越来越明显。

同的世界体系：神教与普适价值的困境

西方神教及普适价值扩张的过程，就是曾经丰富多样的诸多文明与政治共同体趋向于同质化的过程

当欧洲人卷入，进而按照自己的意图重构世界体系时，对其影响最为深刻的是，作为一种神教的基督教思想，及以背叛基督教面目出现，但思考方式带有深刻的基督教烙印的现代“普适价值”。

现代西方国家从走出统一的基督教会开始，现代思想也走出神本论，然而，神教的基本特征以其世俗版本几乎完整地保留在现代思想中，并渗透于现代各学科中，从而使西方整个现代思想和学术，均具有彻底的、整全的普遍主义特征。

经由对抽象的、普遍的人性的探究，西方现代思想提出了一组自成体系的、完备的实体性价值系统，这套价值还蕴含着一个社会组织乃至国家组织的模型。比如，自由、平等自然地蕴含着人为自己创立组织，以自己独立的意志创立可实现个人目的之社会组织，人必定进入一种以自己的同意为政治运作之枢纽的政治生活框架中。

这样的普适价值之实现，乃是一个整全的“同”的过程，与一神教体系的传教效果相同：前现代的人是不同的，信奉不同的神灵，对人有不同的理解，其社会组织方式也有不同，等等。普适价值消解人在所有这些方面的不同，使之归于一律。普适价值要求其触及者由内而外彻底翻新，它所过之地，所有人将具有共同的价值，甚至包括共同的神灵信仰、共同的生活方式、共同的经济形态、共同的政治组织模式等等。

过去几百年来，西方神教及其世俗版本——普适价值扩张的过程，就是曾经丰富多样的诸多文明与政治共同体趋向于同质化的过程。当然，欧美资本主义经济体系也是世界同质化的重要机制，它具有现代性的根本特征：同。

这一过程伴随着各个地区本土宗教、文化与社会的瓦解。如此普适价值之实现，内在地要求取消它所及之社会中各种既有组织，而实现人之离散化、个体化，这是神教—普适价值植入的前提。人们以这种被抽离了文化具体性的身份，进入所谓现代生活中，在普遍的神灵和价值指引之下，过上完全相同的生活。

换言之，过去五百年来，世界体系是被一套相互配合的力量所创生的——这是一神教的基本命题。世界只能被一个全能的力量创造，唯有如此造成的世界，才是普遍的世界。这种力量摧毁多样，这是必要的，因为多样的世界不是普遍的世界。

在西方人眼里，西方与非西方就成为这个世界最重要的分界线，令世界一直在战争状态中

这种同质化世界的构建过程，曾相当迅速。很多地区，尤其是文明相对不甚成熟的地区，被西方人征服，其宗教也相继传入。一个普遍的世界似乎在推进中。不过，在那些历史较为悠久、文明较为成熟的地区，拥有较为完备而成熟的宗教、信仰，比较自信的生活方式，较为强有力的政治组织的地区，这个同质化世界的构建过程停滞下来，即便有所推进，也是有限度的——但普遍体系仍然保持一种强力推进的势能，由此而引发了深刻的紧张、对立与冲突。

于是，尽管已有五百年历史，但并未出现一个普遍的世界秩序。世界依然是支离破碎的。大体上可以说，除了这些价值及其制度内生的区域，非西方的世界整体上仍未同质化。于是，西方与非西方就成为这个世界最重要的分界线。在西方人眼里，这是宗教分割线，也是价值分割线，更是政治分割线，也是所谓的文明与野蛮的分界线。

如此道德色彩强烈的分割线，令世界一直在战争状态中。普适价值具有圆满的道德性，它把世人及世上的共同体区分为两类：人，或者非人。普适价值未波及者属于野蛮地区，为建立普遍世界秩序，它们被确定为征服—传教的对象。普适价值信徒的首要道德义务是向一切人传教，主动地在野蛮地区传教。凡是抗拒者就是敌人，面对敌人，决不可退缩；必要时，可毫不犹豫地使用武力，以征服的方式教化野蛮人。

因此，构建世界的事业，就是通过持续不断的信仰战争、价值战争、文化战争、风俗战争、政治战争来实现。文明人可以采取一切方式，推动多样的世界趋向于同质化。现代世界创生的历史，就是宗教、情感、价值等精神层面的战争的历史——这与前现代的战争的动机、形态完全不同。

福山进入他曾经宣告终结的历史，在中国发现了最早的现代国家

面对如此残酷的战争景象，人们不能不追问，基于一神教—普适价值的普遍的世界秩序还有可能被构建、创生出来吗？

这是当代西方思想最深层的焦虑。福山曾在冷战结束之初欢呼“历史的终结”，此后有“普适价值”说辞之流行。这清楚地揭示了普适价值论与一神教的末世论思考方式之间的深刻联系。普适价值就是普遍的神恩，当所有人都接受普适价值，救恩时代就告终结，旧世界毁灭，新的永恒幸福的世界开始。普适价值论背后的信念是：所有人最终必定接受同样一套价值，成为完全相同的人，并由此进入终极幸福状态。这是上帝隐藏起来的来世：普适价值论者追求的就是社会、政治的来世。

然而，冷战之后世界格局的变化让人们看到，历史显然没有终结，现在看起来也完全不大可能终结。对此有两种反应：第一种，亨廷顿在《文明的冲突与世界秩序的重建》中表达了纯正西方基督教—普适价值信念者的焦虑。按照这种信念，历史若不能终结于普遍相同的价值，就是没有意义的。为获得这种意义，就必须重新确定教化—征服的对象，亨廷顿毫不隐讳地从宗教、文明的角度为宗教—价值战争定义了敌人。第二种，曾经相信末世论，但出生于日本，因而对末世论终究缺乏信仰的福山，则对末世论思考方式产生怀疑。在新著的《政治秩序的起源》中，他进入他曾经宣告终结的历史，他进入作为终结对象的中国。他在中国发现了最早的现代国家。这样的发现对于末世论具有颠覆价值，对于普适价值同样具有颠覆价值。

福山的转向或许已足够清楚地彰显了末世论的普适价值信念之困境。基于末世论理念，以单一而整全的实体价值体系构建同质化世界，注定是一种不可能的期待。此刻，不妨再度回首曾经最早推动这个世界诞生的中国人的世界规划。

和的天下秩序：文教与各得其所的自由

声闻之教的教化过程是多主体的，天下之治依赖于人由近及远的自愿归往

还是回到明代。邱濬生于永乐后期，卒于弘治八年（1495年），正是南洋贸易对中国产生巨大影响、中国人开始移民南洋之时。他本身又是海南人，从其著述如《大学衍义补》中可见，他对国际贸易及其于中国之影响相当了解。他在经济方面的政策主张是自由市场：仿照宋元，恢复互市之法，开放民间对外贸易。

邱濬基于《禹贡》五服之制，准乎内外、近远思考范式，提出处理华夷关系之基本原则：第一，对中国而言，有内、外之别。第二，中国有圣人，外国亦有圣人。当然，中国圣人终究要治外国的，因为中国圣人发明之道，必定是天下人人可行之道。只是，现实的治理，必定内、外有别，具体而言是详内而略外。在这方面，昧于轻重缓急，都是不可取的：详内而忽外必定放纵外部的危险，专事外而不恤其内则直接把中国置于危险境地。

那么，具体如何治外？邱濬阐释“东渐于海，西被于流沙，朔、南暨声教，讫于四海”，提出，圣人之治，无远不及。然而，其于外国，以“声教”闻而慕之，振而动之而已。

邱濬之论说本于圣贤“平天下”之道，以内外、远近为基本思考方式。《尚书・舜典》载，舜于即王位时，十二牧命之曰：“食哉，惟时柔远能迩，敦德允元，而难任人，蛮夷率服。”《皋陶谟》中皋陶论王行德之效果：“迩可，远在兹。”孔子接续这一思考方式，《论语・子路》中说，叶公问政，子曰：“近者说，远者来。”

这几句话清楚表明圣人对实现天下太平之信心与务实态度。圣人之治必定是天下一家的，因为人心是相同的，故“至诚感神，矧兹有苗”，天下所有人都会感于仁。但在现实中，圣人之治必定呈现为由近及远的历史性过程，这主要是因为空间上的约束，尤其是对远人接受圣人之教构成严重的约束。

归根到底，圣人以为，天下之治依赖于人由近及远的自愿归往。邱濬对“声教”一词的阐释极为精准。王者振举于内而“声”闻于外，于是，外人闻声，有向慕之心，自愿而入，接受教化。圣人之教由此扩展，遍及天下。然而，此非圣人传教于外人、远人——《礼记·曲礼上》：“礼闻来学，不闻往教”；更非以武力征服外人、远人，强制其放弃自己之教，接受圣人之教，而是外人、远人自愿接受。

邱濬的说法清楚地指出，声闻之教不同于神教之有组织的传教。传教必定传达神的具体意志，故须借助于面对面的言，传教者主动接近未信教者。这个教化过程是单向的，设定了两者间之主奴关系：传教者是主体，他是传福音者、传真理者。然而，声闻之教的教化过程是双主体的，甚至是多主体的：外人、远人所听到的声，既是圣人之教本身，更是近者对圣人之教之认可、欣悦。近处之人天然地接近圣人，首先沾溉圣人教化之泽，而其认可、欣悦，构成远人做出选择之主要依据。

由此可见声闻之教之自由意蕴。圣人承认，每人有选择自己价值和制度之主体权利，可依据近者接受圣人之教的效果，自由选择是否接受圣人之教。如汉人所说，“欲与声教，则治之，不欲与者，不强治也”。对天下秩序之形成和维护而言，圣人施以教化的意愿和行为是至关重要的，但远人之认可、接受同样重要。这样，天下秩序生成于三主体之互动过程中：圣人行政、教，首先是“近者悦”，然后是“远者来”。

中国人想象的天下秩序，其生成性原则是“和而不同”。因为“不同”，所以需要协调，也就是“和”。在多样的共同体相互协调过程中，天下秩序逐渐形成。但多样的群体仍保持自己的“不同”，只不过设置了相互协调的机制，而各群体习得相互协调之技艺，具有与他者共同生活之意愿

派遣郑和出洋、推动中国人构造世界之明成祖，清楚地表达了这样的理念。永乐元年，遣郑和赍印赐柯枝国王，因撰碑文，命勒石山上，其词曰：

> 王化与天地流通，凡覆载之内、举纳于甄陶者，体造化之仁也。盖天下无二理，生民无二心。忧戚喜乐之同情，安逸饱暖之同欲，奚有间于遐迩哉？任君民之寄者，当尽子民之道。《诗》云：“邦畿千里，惟民所止，肇域彼四海。”《书》云：“东渐于海，西被于流沙，朔、南暨声教，讫于四海。”朕君临天下，抚治华夷，一视同仁，无间彼此。推古圣帝明王之道，以合乎天地之心，远邦异域，咸使各得其所。闻风向化者，争恐后也。

成祖首先指出，人同此心，故而于天下“一视同仁”。不过，对于远人，中国皇帝只希望其“各得其所”。若有“闻风向化”者，则予以表彰，纳入自己发挥领导作用的天下秩序体系中。

值得注意的是此处之“各得其所”。圣人所志向之普遍的天下秩序生成之驱动力量，是人们的自愿选择，则最终形成的秩序必定是“各得其所”。具有不同信仰、风俗、政治的群体，在天下秩序中得到自己恰当的位置，这个位置是由其“性”、其“命”决定的，而不由外在的力量统一安排。世界不是透过价值的同化，由一个中心对所有群体施加单向的力量而创造出来的，天下体系是经由多样的主体之间的协调而生成的，天下体系是一种协调机制。

人们保留选择自由，决定了天下秩序必定呈现为一个漫长的历史生成过程，也许永远没有终点。孔子曾两次承认尧舜之治的局限性：即便圣王尧舜，其教化也不能做到全覆盖。在孔子看来，所有人声闻尧舜之教是不可能的：有些人因为距离遥远而不能闻；更有人因为各种各样的信仰、利益的原因而不愿闻，而圣人并不会强迫他们。于是，天下秩序就不是一个必定可以达致的状态，而只能呈现为一个历史的生成性过程。这个历史永远不会终结，也就是说，人间不可能建立天堂。天下秩序本质上是一条道，人持续行走之大道；圣人所做的就是“志于道”，天下秩序当然也就始终在道上延伸，无所谓终点。

任何文明都包含着一组关于人的生命达致健全、人际关系达致良好的基本准则，亦即价值，远人之归来就表明其接受这组价值教化之意向。因而，声闻之教同样是教。也正因为此，天下秩序才是有可能的。秩序必定形成于人的行动中，且此行动必定具有特定指向。文德内涵之价值有助于这一天下秩序之形成

“远人”拥有选择自由，天下秩序之建立和扩展不可能依靠武力，而只能依赖“文德”内在之吸引力。教化这一文德之教，亦即文教，也为这一天下秩序提供了一组程序性规则。

“文德”最早见于《尚书·大禹谟》：舜禹之际，三苗对中国构成威胁，“惟时有苗弗率，汝徂征”。这是文献记载中国第一次与蛮夷之冲突，而禹竟然未胜：

益赞于禹曰：“惟德动天，无远弗届。满招损，谦受益，时乃天道。帝初于历山，往于田，日号泣于旻天，于父母，负罪引慝。祗载见瞽瞍，夔夔斋栗，瞽亦允若。至诚感神，矧兹有苗。”

禹拜昌言曰：“俞！”班师振旅。帝乃诞敷文德，舞干羽于两阶。七旬，有苗格。

中国还是借助“文德”，赢得三苗之臣服。“文德”是什么？经文举“舞干羽”，此乃乐舞之用具。推而言之，文德是支撑文明生活方式之一切元素，然则“文德”者，今人所谓之文明也。而后，经文说，“七旬，有苗格”，三苗主动前来。这也就是前文所论之“声闻之教”。

由此处经文可见，“文德”系与武备相对而言。后人也多在这一意义上使用。《春秋繁露·服制像》：“故文德为贵，而威武为下，此天下之所以永全也。”

由此可以理解《论语·季氏》中孔子之所谓“文德”：

丘也闻：有国有家者，不患寡而患不均，不患贫而患不安。盖均无贫，和无寡，安无倾。夫如是，故远人不服，则修文德以来之。既来之，则安之。

朱子《论语集注》解释说：“内治修，然后远人服。有不服，则修德以来之，亦不当勤兵于远。”释“文德”为“德”，不甚准确。“文德”不只是治理者之德，更是高贵、优美之礼乐文明。

对待“远人”可有两种方式：一种是传教或征服，另一种是“修文德以来之”。孔子所说的“来”，就是舜之“格”。也就是前文所说的“近者悦、远者来”之“来”，都是远人主动归来。

远人之所以主动归来，不仅是因为高贵而优美的礼乐，还因为礼乐背后有其价值。《舜典》载，帝曰：“夔！命汝典乐。教胄子：直而温，宽而栗，刚而无虐，简而无傲。诗言志，歌永言，声依永，律和声。八音克谐，无相夺伦，神人以和。”乐可用以教养君子之子弟以德。帝舜赐给诸侯干羽，自然以其中之价值教化诸侯。这就构成“文教”。

一个普遍的世界是需要一套共享的价值的，否则，人们缺乏共同的话语，缺乏共同的指向，也就无法形成共同生活的意愿，无法形成秩序。然而，这套价值可有薄、厚之分。文教与神教—普适价值之教的分别正在于此

一神教是整全而深刻的，对人的规范是全面的。一神教要人信奉唯一的神，这个神必定从内到外，支配人的一切。这是厚的价值体系，在这个诸神竞争的时候，给自己设定了一个不可能的天职。由此推论，普遍的世界秩序不可能以任何一组整全的实体性价值为基础，即便它是世俗的。今日人们所说的普适价值，对于诸多文明类似于价值推土机：它夷平多样的价值世界，令整个世界同质化。这种状态实际上是不可能的，那样的世界即便能够达成，也是丑陋而了无生机的。

世界的根本难题向来在于诸神之争，且这一争执不大可能平息。因而，普遍的世界秩序不可能以任何一种神教为基础。据此构建世界秩序的努力，注定将导致诸文明间的紧张和冲突。

唯有文教，可作为普遍的世界秩序之基础。文教对人的规范是比较薄的。文教确定人的身心之文，呈现为道德意识、伦理准则、礼仪规范，这些就是“文”。让人们做到“敬而无失，恭而有礼”，如此则可以“四海之内皆兄弟也”，人们可以低成本地相互协调。没有文的教化，普遍的、可扩展的合作秩序是不能生成的。

这样的文教并不深刻，它听任人们仍然自由地信奉自己的神。文教当然触及人的心灵，这是外在行为之文的基础。但心不是神，塑造人文不会触及神灵，文教并不要求人们改宗另外一个神灵。文与神、心与神不在同一个层次上，所以并没有相互排斥、替代的关系。

文教的教化形态是文之教育，而不是对神灵的皈依和崇奉。因此，这种教育可实施于所有文明中，不论其所崇奉的神灵是什么。

总之，文教可以提供一套共同价值，但它并不以神灵为中心，也不是整全的。因而，它能够保持神教的多样格局，也给生活在不同历史、不同文化处境中的人们以配置自己实体价值的充分自由。恰恰因为这种谦卑与自我限制，它的薄的价值体系有可能被人普遍接受。由此，信仰不同神灵、具有不同实体价值的人和共同体，将具有通约之文。

这样一来，文教所教化之价值，也就不是一套整全的实体价值，毋宁是一组程序性价值。文教教给人们以共同生活所必需的最小限度的共同价值，借助这套价值，人们共同生活，相互调适，低成本合作，而形成多样共生之天下秩序。它不追求同，只寻求和。

恰恰因为世界始终在过程中，才需要程序性价值，以“和”诸神，协调诸价值。在此天下秩序生成过程中，各种神教、各种价值将逐渐寻求共生共存之平衡。一种神教，只要其接受文教，必定柔化其神教之极端性。圣人所谓“柔远”之义大矣哉！“远者”一旦有“来”之意，则其定有共同生活之意，也就有调整自己、改变自己之意。这样，经由文教之涵濡，各种神教、各种价值可以和谐相处，从而从根本上消除诸神战争之可能性

文教中心的天下秩序就是一个“和而不同”的历史性过程。至关重要的是，文教没有神教—普适价值论的历史终结论心态，相反，文教的思考方式是历史的。因而，文教中心的天下秩序之构建乃是一个持续展开的历史过程，它的生成取决于人们的自愿选择。如文德—武功之对比所揭示的，文教是排斥强制的，文教甚至不传教，而给予每个人、每个族群以最大限度的选择自由。因此，文教中心的天下秩序内在地是自由的，而排斥征服。文教不是一次性终极拯救事件，只是历史的协调过程而已。

对过去数百年中试图同质化世界的神教—普适价值，文教并不否弃。文教只是柔化它们，让其学会与诸神共存。文教的功能是让各种神教、各种价值“各正性命，保合太和”。在人与共同体必定各具自身强烈规定性的世界上，这是唯一可能普遍秩序之道。但在此谈论“世界体系”“普遍秩序”，其实是不恰当的，文教将塑造一个循道而行，但没有终极目标，因而并无清晰体系、结构的世界。如果一定要用结构概念来描述，那它就是多中心的秩序，也可以说是可扩展的合作秩序。

这样的天下秩序并不是中国独家主导的世界。“东方有圣人，西方有圣人”，因此而有宗教、文明、习俗、族群之别。天下秩序承认这一点，并不准备消灭多样性，而是协调之。在此中国文教确实将扮演重要角色，因为它可以成为多样协调之程序价值。但这并不是中国主宰的，不像过去几百年的世界是由英国或者美国主宰那样。这就是文教与神教—普适价值的区别所在。因此，中国以其超大规模，是天下秩序中一个发挥领导作用的主体，但只是多个主体的一个。天下秩序是中国贡献给人类的，它的成立需要人类共同努力，这正是“声闻之教”的深意所在。从根本上说，天下秩序的生成，有赖于每个文明、每个国家以主体身份的参与。

中国和平崛起的智慧

《国语·郑语》记周史伯对郑桓公曰："夫和实生物，同则不继。以他平他谓之和，故能丰长而物归之；若以同裨同，尽乃弃矣。""和而不同"可用于分析中、欧构建合微乎世界体系的理念与策略之异：西方基于其神教思维模式，以"同"的原则构造世界体系，目标虽为普遍的，过程却是撕裂的，结果难说；中国基于其文教理念，以"和"的原则养成世界体系

不论抱持何种方案，普遍的世界秩序之形成都是渐进的历史性过程，在此中间阶段，人们创造过多种不同制度，或者说，创造过诸多通往世界秩序的路径。

一种具有强烈世界秩序指向的制度是西方人创造的帝国模式。罗马人曾经建立过一个横跨欧亚非大陆的庞大帝国。这个帝国是以武力建立的，其统治方式是广泛地建立殖民地，以武力，辅之以法律来维持秩序。随后，欧洲陷入长期的混乱，到 11 世纪，而有"教皇革命"，确立教权相对于分散的王权之支配地位，从而建立了一个神圣帝国。这个帝国以信仰为纽带，以神圣的律法来统治。它通过信仰的同质化，维持普遍秩序。

到 16 世纪，这一神圣帝国开始松动，各国国王纷纷从帝国出走，摆脱罗马教会，确立国王主权，而将教权置于王权之下。由此，共同体成员首先是国王之臣民，他们是国民，由此而有了国民—民族国家。这种国家在内部追求政治上的同质化，所有人成为普遍平等、高度一律的国民。由此，国家拥有强大的力量。

这样的主权国家天然具有帝国主义倾向，主权性国家必定以敌人相互对待，故国家间关系必定是强权政治。哪怕为了生存，也必须扩张，以获得确保国家安全的资源与外围安全。欧洲率先建立的国民—民族国家都走上殖民主义、帝国主义之路，对外扩张，建立殖民帝国。帝国秩序以武力为后盾。如此强烈的帝国主义倾向引发列强之间持续不断的战争，其高潮是两次世界大战的大规模相互残杀。欧洲的帝国主义由此基本告终。不过，两次世界大战造就了美国之帝国主义雄心和实力，麻烦的是，这个帝国具有更为强烈的宗教情怀。美国所发动的对外战争普遍具有宗教—价值战争性质，因而严重地撕裂世界。

当中国富强之时，中国人之文明自觉对于普遍的世界秩序之可能性具有决定性意义。仅仅由于超大规模这一事实，中国就不可能完全接受神教—普适价值。中国过去没有接受，但被西方置于现代以海洋为中心的世界体系之边缘。当中国走向世界体系的中心，西方人创生世界的蓝图就告过时，西方人以整全的神教—普适价值构造同质化世界的努力，再也不可能带来其所向往之历史的终结——这本来就是一个可怕的幻想

欧美帝国主义推动中国也走上建立国民—民族国家之路。19 世纪中后期，中国遭遇西方列强的强大压力，尤其是被日本打败，对士大夫产生强烈冲击。日本身在亚洲，然而，本身就处在亚洲边缘的日本，主动地"脱亚入欧"，寻求同质化于西方。由此，其国力短期内迅速增强，并打败中国。这一经验刺激敏锐的中国精英产生了构建强大国家的理念，几乎所有思想家都在抱怨中国人缺乏国家观念，代表性的说法如梁启超所谓中国人"知有天下而不知有国家，知有一己而不知有国家"。

据此，中国的出路在于放弃天下理想，也放弃家族本位，而全盘接受国家理念，成为西方式国家——这已构成现代政治的普适价值，百年中国就是沿着这一方向演变的，不论其政治形态如何，不论其借用何种意识形态——乃发奋变革，以欧洲为范本，建立国民—民族国家，实现"富强"。梁任公的《新民说》清楚表明了这一意向。康有为甚至试图以基督教会为范本，建立一个积极对外传教的孔教组织。

到 20 世纪，很多知识分子思考 15 世纪以来中国人参与世界构建之历史，不免惋惜，转而对中国人未在南洋建立殖民地，建立地区霸权，大加嘲讽。诚然，中国人未能建立殖民地，确实可能导致中国在后来的强权政治竞争中处于劣

罗马斗兽场
罗马斗兽场代表了当年罗马帝国称雄全球、扬鞭寰宇的大罗马精神。

神圣罗马帝国的国徽
1356 年神圣罗马帝国《金玺诏书》里的帝国纹章，中间的耶稣受难图表明帝国神圣性，双头鹰翅膀上的旗帜代表帝国的普世性和广大疆域。

万里长城

势。但是，建立殖民地的做法在道德上是否正当？恐怕没有人会说是正当的。那就应当承认，中国人当初没有建立殖民地的做法是正当的。20 世纪以来殖民地纷纷瓦解的事实也证明了中国的做法是正确的：那些建立了殖民地的西方人，而今安在哉？

今天我们发现，作为一个国民—民族国家，中国的表现不错：国家能力比之以前增强了，国家也在一定程度上实现了富强。按照西方现代政治的逻辑，中国成为世界上一支重要的强权力量，因此对中国充满忧惧。

也许，在帝国主义早已不具有道德正当性的时代，在后殖民的时代，中国人完全可以立足于西方以外的价值，也即，中国自己的价值，重新审视过去五百年世界体系构造的历史。当西方世界体系模式难以为继的时候，中国或许应当从曾失败的地方重新开始起步，这就是以“和而不同”的原则，重新构想多文明、多中心共生之天下秩序

不过，尽管在意识形态上全盘摧毁传统，但中国文化仍然渗透于政治中，比如，邓小平在中国开始走上经济增长之路之初，就始终强调“韬光养晦”战略。最近，中国领导人也再三告诉世界，中国的崛起将不同于其他国家的崛起，按照中国人协和万邦、和而不同的理念，中国必将是“和平崛起”。

然而，西方世界对中国力量极为焦虑。他们完全无法理解，因而也不能接受中国的说辞，因为这不合乎普适于现代世界体系的强权政治逻辑。他们相信，中国的崛起必将引发战争。

美国人的反应尤其强烈。具有帝国雄心的美国精英，与具有普通法心智的英帝国精英不同，具有强烈的价值同质化倾向。他们无法容忍这个世界存在两个不同的价值体系——尽管这两种价值根本不是相反的。其价值上的进攻态度很有可能刺激中国。若中、西之间因此而形成正向反馈，则世界危殆矣。

随着中国的兴起，世界体系不能不调适，也就不能不重寻其正道。增量当然来自中国。于是，今天通往普遍的世界和平秩序，面临两个路径的抉择：帝国或者天下。帝国基本上是通过殖民的方式建立的，帝国的组织原则是同，本来不同的共同体和个体之同质化。天下是通过声闻之教，由近及远扩展而成的，天下的组织原则是和而不同。

帝国秩序已不可能。中国的兴起为走出世界秩序构造之困境带来了希望，中国人另有一套通往普遍的天下秩序之道，尽管今日之中国人实际上普遍遗忘了这一智慧。这就是文教的天下秩序：文教给人类铺就一条和而不同、生生不已的天下秩序之大道。人始终是历史的存在，故永远都不可能达到同的状态，那么，和而不同就是世界走向普遍和平秩序之大道——也只是道而已，因为人的历史不会终结，圣人也只是“耐以天下为一家”而已。人类所要做的是持续努力，在道上。

留住乡愁：中国传统村落立档调查

撰文　蒲娇（天津）

五千年中华史基本属于农耕文明阶段。村落是我们农耕生活遥远的源头与根据地。它蕴藏着丰厚的历史文化信息和自然生态景观资源，是我国乡村历史、文化、自然遗产的“活化石”和“博物馆”，中华民族文化的基因、根性和多样性都深植于村落中。人类文明的最初是在村落里养育成的，其中蕴含了难以数计的物质的和非物质的文化遗产，可以说，传统古村落是文明回流的产物。

在城镇化的大浪中，村落正在急速消亡。诸多有识之士认识到传统村落的价值不只具有历史价值，更重要的是它是延续城市历史文脉的重要方式。因此，对传统村落保护的重要性不言而喻，切不可流于其外在表象，除了对具有传统风貌与历史价值的地表建筑、历史遗留等物质载体实施全面保护，还要对具有文化内涵和精神价值的无形文化进行深入的挖掘整理。最终使传统村落得到全面、真实、完整、活态的保护与记录，真正让传统村落保得住村、留得住人，为我们的子孙后代留下一份关于农耕时代的根性图文档案。

工程缘起与进展

20世纪末21世纪初，城镇化大浪席卷祖国大地，诸多传统文化遭遇灭顶之灾。中华民族的根性文化载体——传统村落，也正在以惊人的速度消失。有数据分析，在长江、黄河流域，颇具历史、民族、地域文化和建筑艺术研究价值的传统村落，2004年总数为9707个，到2010年锐减至5709个，平均每年递减7.3%，每天消亡1.6个。然而，令人遗憾的是，记录着中华民族文化变迁的村落却始终没有一份属于自己的科学详备的档案。此时，中国传统村落立档调查项目的启动，正是一项加大传统村落保护力度的最富有创意的举措和行动。

这不是中华民族第一次在举国体制下对自己文化的盘查与自省。2002年，在冯骥才先生的呼吁下，中国民间文艺家协会开启了中国民间文化遗产抢救工程，对中华大地上包括汉族在内56个民族所遗存的所有民间文化进行地毯式搜集，并评选出国家级非物质文化遗产1291项，近万项的省、市级非物质文化遗产。作为孕育非物质文化遗产的母体与摇篮，国家对于村落的重视也早在2003年就已开始。由建设部和国家文物局共同组织评选的“中国历史文化名村”，截至2014年已评选出六批。2012年，由住建部、文化部、国家文物局、财政部四部委联合进行的“中国传统村落”和建立名录的项目，更是表现出了国家对传统村落保护力度的日益加大。2014年6月10日，由住建部特别委托，中国民间文艺家协会、中国摄影家协会、中国文学艺术基金会共同组织实施的“中国传统村落立档调查”项目正式启动。站在今天展望未来，这项人类历史上首次对农耕家园进行全面盘点、记录、调查和立档的行动，必定会具有划时代的意义，为人类史抹上浓重的一笔。“比起12年前，我们有了更强有力的支持，这包括国家高度文化自觉和明确的思想，政府相关部门的鼎力相助，中国文联各部门的坚强后盾，更有社会各界的热心参与。”

这次立档项目的调查行动方式也不同于以往任何一次田野考察，而是一项全民性的文化行动，在全国各省（市）、各民族间同时进行。中国民协的文化学者和专家与中国摄影家协会（以下简称“摄协”）的摄影家们将以《中国传统村落立档调查田野手册》为工作指南，组成联合小组，深入乡村进行田野调查，获取第一手图文资料。一方面为列入国家的“中国传统村落名录”的传统村落建立一份翔实的图文档案；另一方面，发现尚未列入名录，却又具有重要历史文化

2014年4月24日，中国传统村落立档调查工作会议在冯骥才文学艺术研究院图书馆召开

作者在浙江访谈松阳高腔、木偶瓯剧等非物质文化遗产传承人

价值的传统村落，向国家相关部门提供信息依据。需要注意的是，此次立档调查工作既不等同于传统意义上的文本档案整理，也不是村落图文志的调查思路，而是采用更加重视将文字、录音、照片、影像等结合的多方位、多角度、多手法的记录方式。如文字方面的信息普查，按照“中国传统村落立档调查（文字）归档表”进行登记，内容涉及村落形成年代、形成原因、村落形状、村落类型、自然环境、生产生活、非物质文化遗产、物质文化遗产、村落现状、村落概况等二十余项；图片方面的信息普查，按照“中国传统村落立档调查（图片）登记表”，从村落面貌、历史见证、物质文化遗产、非物质文化遗产、民俗生活、生产方式、人物、现状等八大类、近三十项拍摄角度进行拍摄。这项浩瀚的工程中，摄影将发挥自身独特的优势，它的记录性、直观性和见证性，将使传统村落档案更加全面、具象、客观、确凿。“我们不能让传统村落——这祖国大地上灿烂的文明之花枯萎凋落，相反我们要让它们更加夺目，世世代代永远绽放。拿起我们的笔，背起我们的相机，行动吧！”冯骥才先生在“留住乡愁——中国传统村落立档调查”启动仪式会议上如是说。对于此次立档调查收集上来的图文信息，除将已入选至第一、二、三批名录内的2555个村落信息，收入至受住建部委托编制的大型图文档案《中国传统村落图典》中外，还会对名录之外的村落信息进行记录和整理，实时通过“中国传统村落网”进行发布与展示，并将全部资料存储至“中国传统村落数据库”，力图为中华民族的精神家园建立一份最为翔实的电子图文档案。

然而，因受社会意识形态自身的转型，片面追求经济效益，缺乏法律化的保护制约，过度的旅游开发，自身的空巢化，以及对传统村落价值认知的滞后等因素影响，目前，传统村落正在大量快速地瓦解与消失。在最短的时间内，留住目前的状态成为当务之急，哪怕只是对其进行碎片式的记录。但是，面对中华大地复杂多变的地形地貌、丰富多样的村落形态、“五里不同风，十里不同俗”的民间生产生活，利用一次普查，为其建立起一份真实、全面、科学、严谨的村落档案，其困难程度可想而知。可以说，普查工程必须争分夺秒地进行，这是在和时间赛跑，力图在挖掘机的轰隆声中将文化尘封，将时间定格。

工作实践与困难

对于这次行动的规模之巨大，面对境况之复杂，涉及学科之多样，涉及人员之浩瀚，中国民间文艺家协会（以下简称“民协”）与中国摄协的文化工作者和摄影师们已经做好了充分的心理准备，来迎接历史所赋予的重担与责任。

1. 工作流程安排

中国民协和中国摄协作为此次工程的主导机构，由中国民协牵头。两个机构分别建立“中国传统村落调查办公室”，并设立专线和电子邮箱，负责与各省（区、市）协会沟通。在具体的调查工作中，由各省（区、市）的民协和摄协成员负责，地方民协牵头，并建立各省（区、市）“中国传统村落的调查工作组”，设置专线及邮箱。具体的操作方法为，各省（区、市）根据第一、二批村落的数量，民协、摄协统筹安排调查人员进行调研。目前，每个省（区、市）下发一份“各省（市）立档调查进度表”，表内对各省（区、市）入选第一、二批中国传统村落名录的村落进行了编号，并有严格测算出来的调查截止日期，各省（区、市）需要在日期内完成拍摄进程。各省（区、市）完成调查后，摄协和民协

富貴平安

的资料合一，由省负责人和专家签字后通过专门邮箱发至中国民协邮箱；中国民协核实材料之后，上传至中心工作室；中心工作室将各省交报的材料进行分类整合，除按照《中国传统村落图典》要求的格式甄选照片，编写文字，进行编辑出版外，更多的内容将入选“中国传统村落数据库”，为传统村落保留一份最为原始的档案性信息记录。对于不合格的照片、文字，中心工作室将资料退回至中国民协，再由中国民协退回至地方民协，进行补拍或者修订，并按照原程序再次提交。各地舆情信息通过中国民协上交中心工作室，及时刊登至“中国传统村落网”。

2. 调查进度安排

由于各省（区、市）入选名录的村落数量各异，所拥有的专家学者力量不同，因此，所遇到的难度与问题也不同。因此，普查工作的安排需要根据每省（区、市）的具体状况进行“定制式”安排。对于专家力量较为雄厚的省市，按照“各省（市）立档调查进度表”严格执行，对于数量较多、交通不便、专家力量不甚强大、普查工作推动有困难的地区，两个协会也会出台具有指导性意义的对策与建议进行指导。

3. 人员选取安排

在实际操作过程中，由中国民协、中国摄协负责掌握整个工作进展状况，并将各地民协、摄协成立的“中国传统村落调查办公室”专门负责人的个人电话、通信地址、邮箱等联络方式制成表格统一下发，建立完善、及时的信息沟通网络。地方民协与摄协沟通后，形成统筹安排，于省（区、市）内成立若干调查小组，每组至少包括一名民俗学家和一名摄影专家，深入一线进行调查。原则上，每省（区、市）人员的调查范围仅限于本省（区、市）之内。此外，各级民协、摄协可根据情况，选取部分与实际工作结合密切的志愿个人与组织加入进来。目前，通过“中国传统村落网”进行报名的志愿个人与集体十分踊跃，个人志愿者职业涉及面广，主要集中在在校学生、高校教师、律师、设计人员等，另有部分摄影师以通过网站上传拍摄照片的方式进行报名。志愿者工作的逐步推进与开展，不但可为普查工作注入源源不断的活力，同时也可形成强大的社会影响力与推动力，号召更多的人参与其中。

4. 阶段性工作总结安排

中国民协、摄协定期要编发立档调查《工作简讯》，初步设置为至少每月一期，对于工作开展较为热烈的月份，可酌情增加简讯期次。《工作简讯》编撰的目的在于，为各省（区、市）协会提供一个通报进度、展示成果、交流经验的平台。另外，每月中国民协、摄协会与中心工作室召开工作会，就一个月的推动情况、进展情况进行交流。此外，两个协会还会根据实际工作的开展状况，展开阶段性的总结会、交流会、表彰会，以此推动工作进展。

方法论与对策研究

盘清村落的文化家底，为传统村落建立档案，从 200 多万个村落中发现、判断、甄别、认定出有价值、必须保护和传承的传统村落，进行科学的调查、记录、整理与建档，是一项需融合多学科、多角度，举国体制下全民共同参与完成的巨大任务，因此，制定出具有科学性、严谨性、精确性、规范化、有序性、可操作性强的普查方法是此项工程成功的关键与基石。针对各地民协、摄协回馈的阶段性信息，现尝试为普查工程提出几条研究对策：

第一，开设培训班，成立指导工作组，提高工作专业性。此次为传统村落立档进行的拍摄，并不等同于摄影师们进行艺术创作的方式，而是需要摄影师按照《中国传统村落图典》的编辑体例进行拍摄与创作，因此，摄影师的发散创造性拍摄习惯与传统村落调查所规定和要求的定制化、格式化拍摄方式，势必会产生一定矛盾。另外，某些摄影师缺乏对当地传统村落民俗知识的了解，也易出现进入工作状态较慢的问题。更为重要的是，某些摄影师是临时与民俗学家组队下田野的，而要达到很好地合作与交流经验，互相熟悉工作流程与工作习惯，也需要一定的时间。在人员的选择上，除尽量找寻有村落拍摄经验的摄影师外，有条件的情况下，还应该选择摄影师和民俗学家本身就有过合作的组合。

针对上述情况，中国民协可组织民俗专家和有经验的摄影家提供调查标准，开设培训班，传授拍摄经验。另外，可成立“三结合小组”，即由“中国民协工作人员（至少一名）+中国摄协摄影家（至少一名）+中国传统村落保护与发展研究专家委员会专家（一至两名）”组成的村落调查指导工作组，深入调查有困难的部分地区，实地进行有针对性的工作指导，协助调研，力求在规定时间内完成普查计划。最终，在村落调查工作中，使得民俗专家、摄影家实现理念与思想的统一。

第二，保证调查渠道的畅通，责任落实到人。调查工作以中国民协和中国摄协为主要渠道进行，从国家一级到省（区、市）一级建立良好的人员网络管理。有问题、有困难、有动态，能迅速落实到个人。由于中国民协与中国摄协在各地都有分支机构，因此在普查过程中，建议实行“就地取材”的方式，充分发挥本地民俗学家及摄影家们的地域熟络优势，如对道路、物质文化遗产、非物质文化遗产、历史见证物、村落精英较为熟悉。在调研工作的实际开展中，如果专家完全不了解当地情况，必然会给工作开展带来阻力。一方面，实难在较短时间内掌握全部有效信息，很可能会影响到整个拍摄计划的进行；一方面，部分有价值的历史见证物或许为村民个人所有，陌生人的进入，很难在短时间内赢取信任度，配合拍摄；另一方面，在部分少数民族的村落中，因语言上的沟通障碍，难以沟通。因此，在普查的实际操作过程中，尽量由本地专家，或长期从事某地研究，已建立一定信任度的个人或团体来进行工作。这也可以打通国家、省市和地方一级的关系，沟通无阻碍，建立起高效的互动方式。

另外，为保持渠道的畅通，还应该多多开拓社会渠道，发挥多方社会组织的力量，如各地高校中有相关领域研究专业的个人与团体，发动摄影俱乐部做好调查拍摄的前期基本联络与铺垫，共同参与到传统村落调查工作中来。

第三，将调查工作分类、分批、分时开展，提高工作效率。结合《中国传统村落图典》分卷本格局和传统村落名录的顺序，已确定将第一批第一卷做成立档调查工作的完整范本，调查工作遵循“先易后难”的原则，用减法来高效率地做好工作，并将主要精力放置在尚未解决的问题上。即将入选第一批名录中的北京、天津、河北、山西四地村落率先完成，集册成书；对于工作开展良好的省份，如浙江、黑龙江、吉林、辽宁等地，也鼓励提前完成上交工作，可择优编辑，作为村落样本发放至开展较慢的省（区、市），起到推动作用；对于可调配专家较少的省（区、市），可采用调查指导工作组介入，帮助培训的方式进行推动，并可在省（区、市）内发动更多的志愿者及社会团体参与进来，进行协助；对于交通不便、村落数量较多的省（区、市），如云贵两省，民协和摄协要提前动手、密切关注，深入实地因地制宜地制订出切实可行的工作计划。

就整个普查工程而言，必须是本着“普查完一村，上交一村”的原则来处理材料。这样做是为了在材料上交至中国民协后，第一时间由中心工作室进行审核，发现材料的缺失与不足，及时反馈给各地，避免在统一上报后，发现有重大问题，而浪费更多的人力、物力、时间成本进行补拍补采。

第四，尽快做出村落范本，发挥示范性作用。目前，拟以山西省后沟村和张壁古堡、天津市西井峪村为实例，做出三个村落立档调查范本，为全国各省（区、市）的调查提供参考。

最后，具体问题具体分析。另外，需要注意的是，具体问题还需在实地田野作业中进行具体分析，切不可搞“一刀切”模式。某些有地域特色与时令、季节关系密切，另外，具有偶发性的民风民俗或自然风光并不在拍摄期内，这就需要各地民协在组织完、上报完第一批图文材料后，再次进行照片补拍和文字重审。例如：部分人生仪礼的拍摄需要在特定的时间进行，如婚礼、葬礼、出生礼等；部分与时令相关的拍摄，如与农、林、牧、副、渔等相关的生产、生活方式，也在某个时间拍摄较能体现特征；部分节日的拍摄，如春节、元宵节等。再如，某些村落在某个季节不能突出其特色，如东北的村落需在冬天拍摄更能体现其村落肌理及文化特征，某些南方村落需要在盛夏时节拍摄，才能体现山水丰盈。另外，某些与村落历史文化关系密切的特定节日庆典，也应该在首次普查材料中做好标记，以便于日后补拍补采。

小结

“中国传统村落立档调查”项目的启动，是国家加大传统村落保护力度的富有创意的一项伟大的举措和行动，正是贯彻落实习近平总书记在党的十八大以来所发表的一系列重要讲话中所指出的，中华民族之所以生生不息，朝气蓬勃，不断地发展壮大，始终屹立在世界民族之林，就因为有如此丰厚的精神家园，如此强大的精神支撑，这是一个伟大民族几千年传承的集体记忆，希望为子孙后代留住我们宝贵的村落遗产，让全世界看到我们热爱的家园。从这次项目中，我们也看到了，除具有国家高度文化自觉和明确的思想指引、政府相关部门的鼎力相助、中国文联各部门的坚强后盾外，社会各界的热心参与与自发保护也让人欣慰。只有广大人民主动参与到对中华文明根脉的保护之中，只有社会各界形成文化自觉，中华民族才能夯实繁荣发展的民族文化基石，最终实现民众家园“望得见山，看得见水，记得住乡愁”的“中国梦”。

无法再回的六月

撰文 王尧（苏州）

张充和
张充和（1914—2015），“合肥四姐妹”中的小妹，被誉为民国闺秀、“最后的才女”。

“十分冷淡存知己，一曲微茫度此生。”如果依照张充和先生诗句所表达的心迹和境界，我们这些缅怀张先生的文字也许是多余的。

2015 年 6 月 18 日上午，剑梅从香港发来微信，告知张先生去世的消息，她为自己在美国多年错过见张先生的机会而遗憾。剑梅在微信中说：“惊闻张充和先生去世，非常叹息，倒不是合肥四姐妹定格成历史，她们早就躲在历史的幕帘之后了。”我很赞成剑梅的这一看法，张充和先生与时代相处的方式，也许是她留给我们更为重要的遗产。即便在当下，我们这个时代也不乏“才女”和“闺秀”，但已经少有张先生她们的气息和气象了。这不只是对女性而言，称为文人的人都缺少一些什么素质。这可能是张先生去世后，许多人感慨系之的原因。

尽管张先生的生存方式不是我们的唯一选择，但她的选择作为一种参照，凸显了他们那一代和我们这一代的诸多差异，即便是他们那一代也是千差万别，甚至是千奇百怪的。我们无论是面对历史还是置身于现实，都不免为外在的压力而生出无奈感，其实，哪个时代人都是无奈的，但这并不意味着个人完全无法选择自己的道路。张先生那一代知识分子或者文人，遭遇到的磨难、困境之大，是我们在纸上都能够读到和体会到的。她们选择了不同的方式，那一代还有萧红，还有张爱玲。一样的历史，不同的道路，但呈现了人生的多种可能性。所以，我们需要反省自己，反省自己与时代相处的方式。

我生活的这座城市留下了张充和先生青年和老年的足迹。我曾经设想，有这么一天，我能陪先生坐三轮车从九如巷穿过凤凰街，然后从十梓街步行到天赐庄，在以前的东吴大学、现在的苏州大学校园看看几十年变化的痕迹。20 世纪 30 年代，她常常骑自行车到天赐庄，如果再回苏州，肯定不能用这样的代步工具了。在已经变化了的苏州，坐三轮车或许还能够找到一些往昔的感觉。我设想的这一情景，在 2012 年之前似乎都有可能。2010 年 6 月 16 日，我随海立、小东夫妇访问张先生时，详细讨论了先生重返苏州的细节，相约在 2011 年的春天或者秋天，由小东陪同她从美国回来。张先生说，她的心脏没有问题，应该能坐飞机。那天午餐，小东夫妇选了他们以前去过的一家中餐厅。张先生喜欢吃一种什么鱼，这家店做得非常好。张先生想起她以前喜欢吃的老苏州的一种卤菜，问我现在的苏州有没有。我说有，在什么街的什么卤菜店有。她想了想这条街在苏州什么位置。张先生是个热爱生活的人，那天她描了眉毛，涂了口红。在四姐妹中，张先生年轻时未必是最漂亮的，海立兄和我都感慨张先生是那种越老越美的女性。

张充和手书

作者拜访张充和留影

在这之前，小东请张先生为我题写了“三槐堂”，为我的同事季进教授主持的中心题写了“苏州大学海外汉学研究中心”。我看到有几位研究书法的学者在谈张先生的书法时，提到了“三槐堂”书写的特别之处。从波士顿去费城参加亚洲年会时，我问海立和小东是否有机会去看张先生。5 月，小东说已经和充和姨妈联系了，我们一起去看她。6 月，我再从波士顿到费城。从费城出发时，我说我不好意思再请张先生写字了。小东说，到了以后看情况再说。张先生的书桌上，有一叠她临帖的字，我看了看，分别是《石门颂》和《张景碑》。张先生看我爱不释手，便说：你喜欢就送你。我喜出望外，连说谢谢。张先生在《石门颂》的最后一页落款盖印，又在《张景碑》的几处加了印。方家对张先生的书法成就有诸多评论，我不敢妄言。我喜欢张先生的书法，是我在先生的笔墨中读到了传统，读到了已经散去但依然在纸背的历史烟云，读到了一位文人的胸襟、性情和人格。张先生不是我们今天意义上的职业书法家，职业书法家常常远离书法艺术的最高境界。张先生恢复了书法的本来意义。

6 月 16 日再回到费城时，我在小东、海立家的客厅，用了一个晚上和一个早上，在 17 日写完了一篇《为何又是“最后一个”》记叙我们访问张先生的场景。没有想到，五年以后的 6 月 17 日成了张先生的忌日。我那篇文章在《读书》发表后，在北京的一次聚会上，有位初次见面的朋友问：我出 10 万元，你把《石门颂》转给我。可见，喜欢张先生书法的人之多。以后如有合适的机会，我或许会把张先生临的《石门颂》捐出，我认为，书法艺术只是纯粹的艺术，与市场没有什么关系。现在很多书法家都在高价卖字，字写多了卖多了，就不是书法了。

我在那篇拙作中，就教育、艺术、文人圈子等问题发了一些感慨。张先生在谈到我们熟悉的那些现代人物时，恬淡亲切平和，犹如她的书法。那些人物之间曾经的分歧、冲突甚至对立在张先生的谈话中都归于平静，张先生说到的那些人物，在现代史上属于不同的文化圈子。这是让我尤其感慨万千的。我们经历了太多的仇恨、冲突、怨愤，为何不能和而不同？

回国后，我便开始为张先生回苏州做些准备。2011 年年初，我和小东大姐联系，她说充和姨妈身体不太好。后来我们又多次通过电话或邮件讨论张先生有无可能回苏州，小东大姐说看来不能成行了。去年暑假，小东大姐说充和姨妈状况不好，有时不太清醒，也不能写字了。我们都知道，张先生不可能再回到她的九如巷了。

龙门石窟：王朝背影下的崇高信仰

撰文 杨文斌（杭州）

从伊水对岸眺望龙门山全景，造像密集分布在龙门山上 杨文斌摄影

离开山西大同云冈石窟时，我对洛阳之行便无比期待，仿佛当年北魏孝文帝准备从大同迁都到洛阳前的那种急切。我想看到，在让我叹为观止的云冈石窟之后，洛阳龙门石窟以怎样的一种姿态把北魏的佛教信仰一直延续到盛唐。于是在我心里，龙门石窟成了洛阳之行最重要的一站。

北魏信仰的延续

龙门石窟开凿于北魏孝文帝年间。北魏孝文帝是历史书上着墨较重的一位皇帝，尤其作为少数民族——鲜卑族的皇帝，并不是中国大一统时期的帝王，能有如此高的历史身后名，确实了不起。孝文帝最被人称道的举措当是促进了鲜卑族的汉化，促进了民族的融合。而从大同迁都到洛阳，是其汉化改革迈出的重要一步。

当时大同称平城，孝文帝为了加强对黄河流域的统治，浩浩荡荡从平城迁都洛阳。史书每讲到此次迁都，必言其是为了进一步学习汉族文化，其实此举促进了鲜卑族汉化，说是迁都的缘由，或许更多的该是迁都的结果。虽然孝文帝主观上确实主张汉化改革，但迁都一事，却绝不是只为了能深入汉民族去好好学习。据载，孝文帝迁都遭到了群臣的反对，他却假意讨伐南齐，兴师动众将一众将臣带到洛阳后，借大雨行军难，士气低落之机，留在洛阳，促成了迁都的事实。

现在想来，那场大雨真是配合得极好，只是孝文帝伐齐是假，迁都是真的说法，很难让人完全信服。作为一位立志改革，被后世称道，具有雄才的帝王，南拓疆土必定是其朝思暮想之事，孝文帝迁都洛阳后几次御驾亲征，便是佐证。可见迁都洛阳，更多的是借中原地利之便，为南征打下政治、经济的基础。

而故都平城，随着北魏政治中心的南移，风华不再。武周山麓的云冈石窟自北魏迁都洛阳之后，便几乎停止了大规模的开凿，但北魏的信仰没有因为迁都而衰落，洛阳伊水河畔，龙门山麓，金石铿锵，大同云冈石窟的精义在洛阳龙门石窟得以延续。

时代巅峰的呼应

云冈石窟和龙门石窟便以这样无法割断的历史渊源在不同的时空交相呼应。两处石窟我都去过了，虽然以我本身的知识涵养无法去准确定义两处世界遗产的文化价值，但以我所知仍不免在心中会有一番比较。

云冈石窟主要开凿于北魏孝文帝迁都洛阳前的一百年间，北魏迁都之后，云冈石窟没有了皇室财力的支撑，石窟的开凿资金来源于中下阶层，自然无法与皇家开凿的石窟相媲美。初唐之后，平城日渐萧条，今天的云冈石窟虽也有唐朝的石窟，但数量较少。而龙门石窟虽然和云冈石窟以北魏为连接纽带，但龙门石窟的精品几乎都开凿于唐朝。在今天所留存的龙门石窟造像中，唐朝开凿的石窟约占六成，而北魏的石窟只占三成左右，龙门石窟虽然一直到宋仍有开凿，但一般人们总会把它的最典型的造像断代到唐朝。所以如果说云冈石窟代表了北魏时期佛教造像艺术的最高成就，那么龙门石窟便是唐朝佛教造像艺术的巅峰造诣。

从云冈石窟和龙门石窟造像的风格特征也可以看出，它们分别属于不同时代的辉煌。云冈石窟造像粗犷雄壮，面部轮廓刚劲，虽然孝文帝时期的造像已经吸收了汉族造像的特点，但整体风格上少数民族特征显著；而龙门石窟造像柔和精美，大多呈现出了唐朝丰腴圆润的审美特征，即使是同为北魏时期的造像，也不再有云冈石窟的那种典型的刚劲，仿佛鲜卑族人从关外到中原后，顿时成了地道的汉族人。两处石窟造像宝库以不同的理解和文化背景诠释着对佛教、对王朝的崇高信仰。

无法复制的辉煌

龙门石窟所在的龙门山自古以来就是“洛阳八景”之一，唤作“龙门山色”。它与白居易晚年隐居的香山隔伊水相对。白居易号“香山居士”，便是以此山得名。他曾赞龙门山道：“洛阳四野山水之胜，龙门首焉。”白居易生活的时代，龙门石窟中的唐代部分，已经完成了大半，晚年笃信佛教的他，

龙门石窟奉先寺卢舍那大佛　杨文斌摄影

想必常往返于伊水两岸，即便只是置身于香山之中，也可以隔伊水对龙门山上漫山诸佛顶礼膜拜。白居易死后葬于龙门香山之中，可见其对这里的依恋。

我周围很多到过龙门石窟的朋友都对其赞不绝口，听说我到了洛阳，总是先问我去过龙门石窟没有。游览完龙门石窟后，其造像艺术的精妙让我在回程路途中一路回味，但隐约感觉，相较于云冈石窟，似乎缺失了些什么。细细想来，觉得原因有二。

云冈石窟和龙门石窟都是在社会鼎盛时期当朝帝王财力支持下开凿修建的，但详细考究一下，对于云冈石窟皇家投入或许更多。云冈石窟开凿于 453 年，是北魏兴安二年。就在兴安元年，北魏太武帝拓拔焘驾崩，这个太武帝不是别人，正是历史上著名的“三武灭佛”中的第一“武”。发现这点之后，云冈石窟的开凿是否更多了些政治暧昧呢？如果说太武灭佛是为了遏制日益膨胀的佛教寺众的话，那云冈石窟的开凿在某种程度上似乎是完全否定了太武灭佛的举措，有重树佛教信仰的意味。特别是云冈石窟开凿最早也最有名的昙耀五窟，五尊巨佛造像以北魏五位先帝为原型，帝王之相自当雄伟庄严。即便是有灭佛之举的太武帝拓跋焘，也化身成三世佛立像，披着千佛的袈裟，这第 18 窟在云冈石窟中十分显眼，其面部表情似乎有一丝忏悔的神态。至孝文帝前，每一位北魏皇帝都有属于自己造像的巨佛，这中间皇室财力的投入在今天无法估量。而昙耀五窟所代表的仅仅是云冈石窟的早期成就，其开凿的鼎盛时期却是在孝文帝执政期间直至迁都之前，北魏“孝文中兴”在财力上保证了云冈石窟能够集中全国最优秀的工匠在武周山麓大展拳脚，于是一座很难超越的艺术殿堂在此辉煌千年。

当北魏的佛教信仰转移到了龙门石窟之后，孝文帝几次南征，想必无法用财力再在龙门山复制云冈石窟的辉煌，北魏时期再也没有像“昙耀五窟”般大手笔的开凿了，现在龙门石窟留存的北魏时期的代表作“宾阳洞造像”是孝文帝之子为其做功德所建，它向人们诉说着北魏迁都汉化后佛教造像风格上的变化，也隐隐道出了北魏财力在孝文帝之后已经渐渐无法再在信仰上大肆挥霍了。即便是龙门石窟盛唐时期

龙门石窟奉先寺卢舍那大佛　杨文斌摄影

云冈石窟第 20 窟露天大佛　杨文斌摄影

云冈石窟第 18 窟佛祖立像，以北魏太武帝为原型，身披千佛袈裟，似有悔意　杨文斌摄影

宾阳中洞是龙门石窟北魏时期的代表作，但其风格已经没有了云冈石窟北魏造像的刚劲　杨文斌摄影

的造像，似乎也只有曾经隶属于皇家寺院奉先寺的那尊武则天用自己两万贯脂粉钱赞助完成的，传说以其相貌为原型的卢舍那大佛能与云冈石窟的巨佛群在气势上相比较了。

佛教文化在唐朝可以说到了一个鼎盛期，特别是在武周朝，可其实唐朝又是一个在信仰上深谙平衡之道的王朝。唐李帝王自诩老子后人，尊道自不必多说，而佛教也得到空前发展。其他宗教暂不去说，佛道之间的较劲竟然只在“唐武宗灭佛”时爆发，着实不易，潜在暗流中的故事想是罄竹难书。这也不难解释龙门石窟在盛唐虽然在艺术成就上达到了顶峰，但依旧在气势上输给了云冈石窟。

劫难重重的龙门

第二个原因也是最重要、最现实的，龙门石窟的造像保存得没有云冈石窟完好。洛阳是一个自古文物盗窃比较猖獗的地方。当年那句“生于苏杭，葬于北邙”的俗语，让在洛阳北面邙山下葬成为风潮，帝王将相均以此为阴府。于是盗墓贼们都眼瞅着洛阳，这里最终成了十墓九空之地。而龙门石窟这样的艺术宝库更不必多说了，免不了有人想借偷盗其造像发迹的。

云冈石窟开凿于“三武灭佛”第一次北魏太武帝灭佛之后，算是逃过一次毁灭。而到了“三武灭佛”的后两次“北周武帝灭佛”“唐武宗灭佛”，以及“后周世宗灭佛”，都被龙门石窟赶上了。当时的灭佛之潮鲜有波及关外的，但地处中原之地，靠近政治中心的龙门石窟首当其冲。特别是“唐武宗灭佛”，龙门石窟受到了很大的破坏。可以想象到，龙门石窟是不是该有更精美、更震撼的石窟或许完全没有被今天的我们所看见过。在近代抗日战争以及解放战争时期，龙

自然的风化和人为的破坏带给龙门石窟双重的毁坏　杨文斌摄影

门石窟大量石雕头像、碑刻、浮雕流失到了美国和日本。今天的龙门石窟规模依旧宏大，却又满目疮痍。

让我非常不解的是，时至今日，河南的文物保护意识依旧不及山西。一路走来，无论是安阳还是洛阳，很多文物保护的细节让人觉得我们依旧愧对已经残破不堪的历史文化。同样作为世界文化遗产，山西很注重对佛像的保护，游客不允许在云冈石窟中开闪光灯随便拍照，更别说用手触碰佛像壁画了。在山西其他诸如应县木塔之类的文物古迹都如此管理。可在游览龙门石窟的过程中，我发现很多石窟造像触手可及，游客是可以轻易摸到造像的，一些可以触碰到的造像很明显被摸得光溜溜了。或许有一些千年来躲过了诸多劫难的造像在今天被许多人以摸摸会带来好运的道听途说给摧残了，而这期间，没有应该的保护，也没有管理者的阻止。龙门石窟无论是石窟中还是露天的造像似乎都可以随便拍照，有收费拍照经营者堂而皇之向游人提供拍照留影的服务，我想他们肯定是得到管理者的许可的，可这真的是世界遗产文物管理应有的方式吗？到了晚上，龙门山甚至开放了炫光夜景游。看过一些龙门石窟夜景的照片，佛像在彩灯的照射下，光怪陆离，似乎有色彩的美感，但与白天庄严的佛像相比，夜景给人感触的美感毫无文化价值可言，更不用说这是对佛教文化的不尊重了。

此类情景在中原之行中不胜枚举，这些不该呈现的种种让本该作为同等级艺术殿堂的龙门石窟在文化保护上输给了云冈石窟一大截。今天是如此，以后会怎样？如果保护的意识不深入到每一个管理者和游览者心里，所有相关者依旧只把文化资源当作利益工具，那么我只好对那些来问我龙门石窟观感的朋友说：龙门石窟，且行且珍惜了。

尾声

曾经去大足石刻时下着小雨，游览云冈石窟时是阴天，此行龙门石窟，老天给了我一个大晴天，我完美地完成了龙门石窟之行，也完成了洛阳之行。虽然感慨万千，但洛阳已经在我心里烙下了抹不去的印记。龙门石窟没有看尽，洛阳自然也没有看尽，那些王朝背影下的信仰和繁华，让今天对“神都”万般向往的我们流连忘返。我完成了自己多年来的洛阳梦，在我脑海里的那个洛阳变得真切了些，但她那曾经的荣耀和如今的兴盛，依旧会不断出现在我向往远方的梦中。

嵩山三教鼎立的深层关系

撰文 吕宏军（郑州）

三教在嵩山的开拓

儒、释、道三教在嵩山的共存，绝非一个偶然的现象，它与当地的环境有密不可分的关系。那么究竟是什么原因促成了三教在嵩山的开拓呢？

1. 神山和京畿之地吸引三教开拓嵩山

嵩山成为三教的荟萃之地有着深厚的历史渊源，其动力就来源于嵩山的神山地位和京畿之地的地理优势。

嵩山的神山地位由来已久。《史记·封禅书》曰：“天下名山八，而三在蛮夷，五在中国。中国华山、首山、太室、泰山、东莱，此五山，黄帝之所常游，与神会。”又据西周初年“天之簋”铭文载，周武王曾在嵩山太室山举行祭天大典，并开创了中国封禅的先河。之后，嵩山神山的地位得到巩固，至迟在战国时，嵩山被称为万山之祖的神山。《山海经·中山经》曰：“少室、太室皆冢也。其祠之，太牢之具，婴以吉玉。”这是说，嵩山的少室和太室是万山之祖，祭祀嵩山，必须用天子最高的太牢之礼，还得用世上最精美玉器盛之。

周公测影台 李卫国摄影
周公测影台得名于周公营建洛邑选址时，在此建台观测日影。

嵩山自古因地居天地之中，所以一直是帝王最重要的建都之地。远在夏商周之时，嵩山下的河洛地区就是三代之都。《史记·封禅书》曰：“昔三代之君，皆在河洛之间，故嵩山为中岳。”从东汉至宋代，紧邻嵩山的洛阳、开封、许昌仍然是古代王朝重要的建都之地。洛阳为九朝古都，开封为六朝古都，许昌为三国魏都。

嵩山神山和京畿之地的优势，不仅使嵩山成为历代帝王的祭祀场所，也成为宗教开拓的风水宝地。因为，宗教在名山开拓之时神仙是其主要依托，而凭借神仙之力，宗教即大显其能。再观中国宗教的发展和兴盛，无不是在帝王的支持下完成的。由此，宗教开拓之时，神山和地邻京畿的名山成为宗教首选的开拓之地，嵩山三教的开拓和发展的历程就是如此。

嵩山自古就是儒家思想的重要发源地，被誉为儒家经典的《周易》就源于嵩山下的河洛之间。相传，在伏羲时代，嵩山下的洛水现一龙马，背负一图献于伏羲，伏羲据此画出八卦，后周文王以八卦而成《周易》，并成为儒家最重要的经典。周初，周公曾在嵩山测日影定地中，儒家思想在此开始繁衍。

在汉武帝独尊儒术之后，随着儒学的兴盛，嵩山便成为儒家重要的开拓之地。西汉元封元年（前 110 年），汉武帝祭祀中岳时，因闻“山呼万岁”，下令在嵩山万岁峰下建立万岁观，后来更名崇福宫。这个崇福宫后来成了儒家重要的活动中心。汉魏两晋南北朝时，儒士也纷纷前来嵩山传道弘儒，其中包括司马迁、李膺、杜密、蔡邕、曹植、潘岳等。隋唐时期是嵩山儒学传播的鼎盛时期，大儒纷至，杨炯、狄仁杰、沈佺期、宋之问、陈子昂、张九龄、孟浩然、李白、王维、韩愈、白居易、卢鸿一、李渤、孟郊等不可胜计，尤其是王维、李欣、韩愈、李白、卢鸿一、孟郊、李渤等在嵩山研儒传道尤久。宋代随着嵩阳书院的建立，嵩山儒学的传播又迎来了一个崭新的历史时期。“二程”、司马光、元好问、赵秉文、王士性、顾炎武等先后在此传习儒家文化。

嵩山还是中国佛教的传播中心。东汉明帝时，当佛教传入中国后，即在嵩山下的洛阳建立了中国第一座寺院——白马寺。之后，又在嵩山建立了法王寺，作为摄摩腾和竺法兰的修行传法之地，并成为嵩山早期佛教文化的传播中心。北魏时，嵩山佛教迎来了一个大发展时期，嵩阳寺、少林寺、嵩岳寺、永泰寺等纷纷在嵩山建立。尤其是少林寺建立之后，使嵩山佛教进入了一个新的历史阶段。从北魏到唐代，嵩山佛教十分兴盛，跋陀、慧光、僧稠、慧可、僧璨、道信、道安、神秀、普寂、法如、义净、元珪、一行等高僧云集嵩山。唐宋之后，贞俊、福裕、教亨、性英、道衍、彻空、小山、正道等高僧也纷纷在嵩山弘法传佛。

道教在嵩山开拓和传播的历史也非常悠久。道家创始人老子曾在嵩山修道。据王子年《拾遗记》载，老子曾在嵩山金壶峰以金壶之墨写经。又据《道学传》载，道教创始人张道陵曾在嵩山隐居九年，后在嵩山石室中发现《三皇羽文》和《黄帝九鼎丹经》，后成为张道陵创立五斗米道的重要经典。在张道陵创立五斗米道后，嵩山成为道教的重要流传之地。建于春秋时的中岳庙，最早就是黄老学说的重要流传地，当道教创立后，又成为道教的传播中心。当寇谦之在中岳庙改革道教之后，中岳庙成为北天师道的祖庭。隋唐时期，嵩山道教迎来了一个新的发展高潮，道教大师王知远、潘师正、司马承祯、刘道合、吴筠、李含光、李筌、元丹丘等皆隐居嵩山传道。唐以后，许昌龄、刘居中、丘处机、吴全节、王常月等先后到此修行传道。

2. 天地之中的包容性是三教共存的思想基础

就中国的名山而言，由于三教在开拓时的不断碰撞，往往导致在名山呈现出一种宗教独盛的局面，而嵩山为什么三教荟萃、三教鼎立？这必然有其深厚的思想基础，这就是天地之中。

天地之中本是中国古代的一个宇宙观。在远古时，人们在观察天地时产生了“天圆地方”的概念，随之又认为方形的地球有一个中心，这个中心就是嵩山。因而，嵩山后来就被称为天地之中。天地之中宇宙观形成之后，经过其系统、理论化的总结，逐渐成为中国古代的大道为中、不偏不倚的哲学观，这种哲学观最明显的特征就是具有广泛的包容性。当儒、释、道在嵩山开拓之时，天地之中所具有的包容性也深深渗透于三教的思想之中。

由天地之中所形成的“中”文化博大的包容性和天人合一的思想，对中国传统宗教影响也很大。中庸是儒家学说的核心，孔子主张一切言行都要不偏不倚、无过无不及。在孔子看来，中庸不仅是一种美德，还是一种情感表达的方式和处理事物的原则。程颐认为中庸是天下不变之定理。儒家把中庸视作修身、齐家、治国、平天下的根本准则，即允执其中。

道教重视中和之道。在道家创始人老子那里，宇宙根本之道就是中和之道，正是依循中和之道，万事万物才能生存发展。正所谓：“万物负阴而抱阳，冲（中）气以为和。”道教的“中和”观念以“法自然”为实质思想内核，其崇尚“中和”，也便是以顺应自然为其节度和准则。在道教看来，中和既是引导人们修德的常道，也是天地万物遵循的至道；勉人致中和，既可修养理想人格，也可天人合一，进入与道合真的美妙境界。

佛教也以中和之道和圆融之道为思想体系的根本。在世界观上，佛教主张，世界上存在的一切法相现象都是依照中和之道而形成的，所谓“诸法因缘和合生”，一切依“因缘和合”的原则而产生。佛教又提出“中道”的根本禅修方法。佛教认为不堕极端，脱离二边，即为中道。

由于嵩山地处天地之中，乃“中和”“中庸”“圆融之道”的发祥地，这种观念深深影响着嵩山三大宗教。由此，儒、释、道在嵩山开拓之时，虽有纷争，但更多的是采取中和的包容态度，这是嵩山三教鼎立、三教荟萃的根本原因。

嵩山三教的鼎立

儒、释、道三教虽然在其形成之后即在嵩山开拓和传播，但真正使嵩山形成三教三足鼎立局面的则是北魏寇谦之在嵩山对道教的改革、达摩在嵩山创立禅宗和嵩阳书院。

1. 寇天师嵩山改革登大雅

在中国道教史上，被道教奉为天师的嵩山道士寇谦之，以嵩山近京畿、五岳名山、道教沃土和其先祖荣耀之地为由，选择在此修行，并以中岳庙为根据地，发动了史无前例的中国道教改革，创立了新天师道，世称北天师道。寇谦之在北魏时发起的这次改革，不仅使道教走向兴盛，而且使道教走向中国政治舞台的大雅之堂，因而对中国道教的发展产生了极为深远的影响。

据《魏书·释老志》载，寇谦之，字辅真，上谷昌平人。谦之素好仙道之术，并有超凡脱俗的志向。他早年学五斗米道，常年服食饵药，但没有效果。后寇谦之遇见成公兴，见其相貌非凡，于是拜成公兴为师。之后成公兴带寇谦之先到华山石室隐居，不久，又带寇谦之到嵩山修炼。

寇谦之先后在嵩山修行长达三十余年。此间他经过认真思考，认为道教之所以长期以来不能兴盛，是因为道教存在的深层次问题没有解决。这些深层次的问题主要有两个方面：

其一，道教浓厚的民间性不能使其走上政治舞台。张道陵所创的五斗米道，因信道者须出五斗米而得名。五斗米道是一个典型的民间宗教，是通过为百姓治病而在民间传播的。道教的这个治病方法虽在民间流传，但并不被当时的官方所认可。因而道教始终得不到帝王的支持，从而道教也一直不能走向中国政治舞台的大雅之堂。这是寇谦之在嵩山修行中找到的道教一直不如儒教和佛教兴盛的第一个原因。

其二，道教与帝王的统治存在着尖锐的矛盾。道教作为一种纯粹的民间宗教，在民间的流传过程中，不断被农民起义所利用。东汉张角领导的黄巾大起义就是利用的太平道。此后，利用道教的起义此起彼伏，仅以五斗米道名师李弘名义起义者就有十多次。尤其是东晋时的孙恩、卢循利用五斗米道起义，响应者达数十万。他们攻打官府，诛杀异己，震动整个南北朝。起义最终虽然被镇压下去，但给统治者敲了警钟，就是道教的反帝力量不可小视。由此，道教的流行不符合封建帝王的利益，并成为帝王防范和镇压的对象。这是寇谦之找到的道教不能兴盛的第二个重要原因。

远在魏晋时，道教为求兴盛也进行了一系列的改革，如建立庞大的神仙体系以壮大道教，与佛教论战以求政治地位等。但道教的这些改革都未成功，其原因是没有找到道教问题的根源所在。深谋远虑的嵩山道士寇谦之，高屋建瓴地看到了道教的两个根本问题，于是决定从信仰和制度上对道教做深度的改革。

寇谦之明白，改革道教并非一件容易的事，首先必须具有影响力和号召力。为此，寇谦之开始了一系列准备活动。他首先选中了道教始祖太上老君，利用他的威力来提高自己的地位。《魏书·释老志》记载一个寇谦之假托的故事：北魏神瑞二年（415年），一位尊神乘云驾龙，百灵乌为其先导，仙人、玉女护驾左右，浩浩荡荡从天空中降落于嵩山，这位尊神就是太上老君。太上老君到嵩山后授寇谦之天师之位，执掌道教，并命他“清整道教，除三张伪法”。

在太上老君下凡嵩岳之后，寇谦之由此取得了道教领袖的地位。于是他便着手开始道教改革。寇谦之为了使改革政策得以顺利推行，又托了一个神仙下凡授经卷故事：北魏泰常八年（423年）十月，嵩山又降临了一位尊神，就是太上老君的玄孙李谱文。他降嵩山后封寇谦之为九州真师，并颁给寇谦之《箓图真经》一部。这部经书，其核心只有一个，那就是“辅佐北方太平真君”，即北魏太武帝。

在寇谦之得到《箓图真经》后的第二年，寇谦之即怀抱经书亲往北魏京都平城（今山西大同），献给刚刚登基的太武帝拓跋焘。当太武帝得到了“辅佐太平真君”的经书后，万分高兴，立即把寇谦之奉为国师。因为道教自东汉建立以来，民间不断利用道教起事，而寇谦之主张拥帝，这是中国道教的一次重大转折。

太武帝在寇谦之献书之前是信佛教的，非常“敬重沙门”，但他得到寇谦之的道书之后转而信道教：“及得谦之道，帝以清净无为，有仙化之证，遂信其术。”寇谦之得到太武帝的支持，还有一个非常重要的原因，就是得到了权倾朝野的

中岳庙
中岳庙的前身为太室祠，始建于秦，为祭祀太室山神的场所。南北朝时期，道教在中国形成，太室祠易名为嵩岳庙，成为中原地区道教活动最早的基地和中心。

司徒崔浩的鼎力相助。

太平真君五年（444年），在寇谦之的支持下，司徒崔浩劝太武帝灭佛。太武帝于是下令禁止王公及平民私养沙门（和尚），同年又杀僧人首领玄高、慧崇等。太平真君七年（446年），杏城盖吴造反，太武帝亲率大军征讨。军队进入长安后，太武帝发现僧人寺院中藏有弓矢等兵器，又发现有酿酒工具和大量金银财宝。这事立即引起太武帝极大愤怒，反佛的大司徒崔浩则极力劝说太武帝诛杀沙门，于是太武帝下令先杀长安沙门，接着又颁诏诛杀天下沙门。

在这场灭佛运动中，寇谦之虽主张抑佛，但并不主张诛杀沙门。当看到太武帝在崔浩的劝说下实施“沙门无少长悉坑之”之后，这位宗师勇敢地站出来反对“不论老少皆诛杀”的灭佛政策。一次，寇谦之和崔浩一同跟随帝王车驾，当崔浩极力劝皇上诛杀沙门时，寇谦之苦苦相劝，但崔浩不听，和崔浩发生了激烈争吵。这时，寇谦之生气地对崔浩说：“卿今促年受戮，灭门户矣！”寇天师还是胸怀比较宽阔和有远见的。

在太武帝灭佛之时，嵩山佛教出现了空前的危机，寺院被毁、僧人被逐，直到北魏太武帝之后嵩山佛教才又兴起。而嵩山的道教在太武帝时则出现了前所未有的昌盛，道家圣地中岳庙的地位得到大大提高。太武帝曾特意遣使持玉帛前往嵩山举行祭岳大典，还迎接嵩山40余名寇谦之的弟子前往京城，并在京城建天师道场。太武帝还颁布诏令，让全天下信奉道教，从此道教大兴，并走上了中国政治舞台的大雅之堂，成为官方宗教。如今，在中岳庙还有一通《中岳嵩高灵庙碑》，这通立于北魏太延年间的碑刻，记载着寇谦之在嵩山的足迹，也记述着寇谦之发动的那场具有深远意义的改革。

2. 达摩面壁开禅宗

佛教自东汉传入中国后，发展非常迅猛，逐渐成为我国重要的宗教。佛教在中国的流传过程中，由于受社会政治、经济、文化的影响，其主张也在不断地变化。到了南北朝，传承已久的小乘佛教表面上看起来十分繁荣，但其蕴藏着巨大的危机。当代表佛教新兴力量的嵩山慢慢崛起时，揭开了大乘佛教广传的序幕。

北魏时，天竺高僧不断到中国传教，少林寺的创始者跋陀就是其中之一。他在少林传授的宗派为印度小乘禅法，主张用小乘（小车）度众生。南朝宋末，南天竺又一位高僧菩提达摩渡海来到中国传教。据《续高僧传》载，达摩“志存大乘，冥心虚寂；通微彻教，定学高之”。来到中国后初达

少林寺 张伟民摄影
少林寺是北魏孝文帝为安置印度高僧跋陀尊者而敕建，是汉传佛教的禅宗祖庭。

宋境南越。后于北魏孝昌时北渡长江至魏都洛阳。杨衒之所著的《洛阳伽蓝记》记载了在洛阳华丽的永宁寺见到达摩时的情况："自云年一百五十岁，历涉诸国，靡不周遍。而此寺精丽，阎浮所无也。极佛境界，亦未有此。口唱南无，合掌连日。"

据《传灯录》云，达摩为天竺国王子，名菩提多罗，后遇摩柯迦叶第二十七代佛祖般若多罗，度为弟子，成为西和天二十八祖。后般若多罗劝达摩前往中国传法。于是，达摩漂洋过海，历时三年，于梁大通元年（527年）到达广州。后被梁武帝迎至金陵。因武帝不能"悟"达摩大乘禅法，遂于是年北渡长江，寓居于嵩山少林寺，面壁九年，终日默然，人称"壁观婆罗门"。相传，达摩在少林寺北边的五乳峰天然石洞中面壁，由于年深日久，身影投于石上，故少林寺北五乳峰的石洞被称为"达摩洞"，身影所投之石被称为"面壁石"。

达摩在嵩山时，开始传授以"壁观"为修行之法的大乘禅宗，并以四卷《楞伽经》为传法经典。他在传经给慧可时说："我观汉地，唯有此经，仁者依行，自得度世。"在北魏普遍崇尚诵经和苦修之时，达摩仅以《楞伽经》作为传法经典，以"壁观"为修行之法，摒弃了传统佛教烦琐的教义和冗长的经典，给苦修者带来简捷而便利的修行渠道。这种简单易行的修行方法由于容易被人接受，后来流传非常迅猛。

达摩在嵩山传法时，慧可得其法。二祖慧可得法，还有一个传奇的"立雪断臂"故事，宋《五灯会元》记载了慧可得法的情况：一年冬十二月九日，达摩在达摩洞面壁，天降大雪，神光（慧可原名）立雪中不动，雪没双膝。次日天明，达摩见雪中立一人，问其故，神光说，愿和尚开慈悲，收为徒。达摩说：除非天降红雪方可。于是神光潜取利刃，自断左臂，鲜血染红了白雪。达摩见其心诚，遂收为徒，更名慧可。这就是流传甚广的慧可立雪断臂的故事，少林寺的立雪亭就是为纪念慧可断臂而建的。

慧可在传法过程中，于北齐天保时遇到了僧璨，收为弟子，并传衣钵于璨，是为禅宗三祖。僧璨后隐居安徽舒州等地传法，隋开皇时，收徒道信，道信得其衣钵，是为禅宗四祖。道信后来传法于湖北蕲州黄梅，住破头山，唐高宗时，在蕲州黄梅遇到弘忍，度为弟子，弘忍最后得其衣钵，是为禅宗五祖。弘忍又传于慧能，是为禅宗六祖。

唐初慧能在南方创立南派禅宗之时，北方以自称六祖的神秀、法如以及道安、普寂为代表的北派禅宗非常兴盛。武则天曾把神秀尊为国师，武则天的两个儿子中宗和睿宗也都以神秀为国师。而神秀弟子普寂则也是赫赫有名的“两京法王，三帝门师”。北派禅宗主张“渐修”，这显然带有旧式小乘佛教的特色，修行起来比较烦琐。而南派慧能所创的顿悟学说，浅显易懂，修行简单，“见性成佛”，甚至主张“放下屠刀”，就可“立地成佛”。由此，慧能的南派发展相当迅猛。一直以正宗自居的北宗也不甘示弱，两派斗争非常激烈，“相见如仇敌”。唐玄宗时，禅宗南北两派在滑台（今河南滑县）展开大论战，南宗击败北宗。唐德宗时，因南宗助唐平“安史之乱”有功，定南宗为达摩正传，最终南宗战胜北宗，成为禅门正宗。之后禅宗便在天下迅速流传起来，在佛教其他宗派相继走向衰落或灭亡之时，中国出现了禅宗独盛的局面，少林寺也被尊为禅宗祖庭。

3. 王安石变法成就嵩阳书院的辉煌

天地之中的嵩山一直就是儒学流传的重要地区。五代时，由于特殊的历史背景和地理位置，在嵩山还诞生了影响中国儒学上千年的独特的教育机构——书院。

书院之名最早出现在唐代。唐开元时，玄宗在长安首设丽正书院，但唐代的书院和后来的书院的功能是完全不同的。唐代的书院是用来刻校古籍和校理经籍的。到了五代，因战乱促进了书院的大转身。五代时，由于连绵的战火，京都和大城市皆成了军事攻击的目标，频繁的攻城之战使处于城市中的官办儒学无法正常进行教学，于是一些大儒便纷纷逃到远离战火的名川大山，创立书院，传授儒学。由此，中国的书院教育制度诞生了。

后唐清泰年间（934—936 年），进士庞式和南唐学者舒元、道士杨纳等人，率先在嵩阳聚众讲学，首开书院式教育。后周显德二年（955 年），周世宗柴荣将位于嵩山太室山南麓的嵩阳观改为太乙书院，作为讲学之地，这是中原最早的书院，在全国也属于书院的发端。

宋朝建立后，重视文治，书院得到了长足的发展。宋至道元年（995 年），宋太宗向太乙书院颁赐九经。这是赵宋王朝对私立书院的第一次肯定。至道三年（997 年），河南府尹上书朝廷言甘露降于太乙书院，太宗遂改太乙书院为太室书院，并赐太室书院匾额。大中祥符三年（1010 年），真宗又向太室书院赐九经等诸书，并设置学官。景祐二年（1035 年），宋仁宗将太室书院改称嵩阳书院，并设院长主持院务，又赐嵩阳书院学田十顷。在宋王朝的大力支持下，嵩阳书院培养了一大批儒学大师，吕蒙正、赵安仁、钱若水、陈尧佐、杨偕、滕子京等皆出于嵩阳书院。

从宋初到神宗时，嵩阳书院虽有所发展，但并不闻名，而使嵩阳书院真正闻名全国则缘于王安石变法。

宋神宗时，王安石变法，一些大儒纷纷反对，如程颢、程颐、司马光等皆是反对派。在重视文治的宋朝，对文人还是比较宽容的，于是神宗比照宋太祖赵匡胤“杯酒释兵权”的办法，把反对王安石变法的文人纷纷解职，让他们出任无职无权的职务，但仍享受做官时的俸禄。位于嵩阳书院东400 米的嵩山崇福宫，本是宋朝祝厘的场所，为了安顿反对王安石变法的那批大儒，特在崇福宫设提举、提典和管勾，

嵩阳书院

嵩阳书院作为儒教圣地，是宋代理学的发源地之一。

让那些反对变法的人出任这些职位。据史册记载，先后因反对变法而被贬到崇福宫担任提举、提典和管勾的有范仲淹、司马光、吕诲、程珦、程颢、程颐、韩维、李纲、司马康、杨时、赵野、李邴、曹彦约、徐应龙、刘光祖、许奕、刘安世、崔与之、倪思、王居安、晁咏之、张耒、黄彦、范纯仁和朱熹等25人之多。这些被贬到崇福宫的大儒在嵩山游山玩水、弈棋之时，颇感失意，于是纷纷前往嵩阳书院讲学，一时嵩阳书院成为北宋大儒的集散地，成为中国研讨儒学的中心。在宋朝，这种大儒云集于一个书院的现象，可谓是书院空前的盛事。

中国的书院教学方法，与官方的儒学是有明显区别的。官方儒学一味习读“四书五经”，而不可对“圣人”的言语进行阐释。而书院不仅读“四书五经”，而且可以阐释，可以发挥。这样一种融读和研于一体的教学制度，为理学的诞生创造了良好的条件。因反对王安石而被贬在嵩阳书院讲学的程颢、程颐，其大部分理学思想都是在嵩阳书院讲学时形成的，由此，嵩阳书院又是程朱理学的发祥地。程颢、程颐在嵩阳书院讲学期间，门庭若市，求学者有上百人之多，受业的有杨时、游酢等百余人之多，后杨时等人将“二程”理学传到南方。被人们称为历史上尊师重教典范的“程门立雪”的故事就发生在嵩阳书院。

嵩阳书院还是编写历史巨著《资治通鉴》的地方。宋神宗熙宁年间，王安石推行新政，遭到司马光强烈反对。熙宁四年（1071年），司马光被贬出任嵩山崇福宫提举。此间，司马光一边在嵩阳书院讲学，一边编撰《资治通鉴》。他以儒学的历史观，融理学思想于一体，在嵩阳书院完成了《资治通鉴》第9—21卷的撰写。由于嵩阳书院是中国历史巨著《资治通鉴》的重要诞生地，所以在中国史学史上也有耀眼的一页。

嵩山三教的碰撞和交融

儒、释、道三教在嵩山的开拓过程中也多次发生过碰撞，历史上“三武一宗”灭佛运动，曾对嵩山佛教造成重创，但这属全国性的。而佛教和道教在嵩山比较激烈的碰撞在元初。三教虽在嵩山有碰撞，但总体上嵩山的三教是共存与融合的。

1. 少林方丈朝廷舌战道教

自儒、释、道在嵩山开拓之后，三教既有融合，也发生过激烈的碰撞。元代少林寺方丈雪庭福裕在元初与道教在宫廷的大论战，堪称二教论战的顶峰。

中国佛、道二教论辩的历史由来已久。道教作为中国土生土长的宗教，被认为是东土的正脉。当佛教传入中国之后，发展迅猛，而且很快走向中国的政治舞台。面对佛教的兴盛，道教颇感失落。于是道教也不甘示弱，自魏晋开始，二教即开始了旷日持久的大论战。在佛、道的论战中，早期有标志性的论战当属西晋时期。当时，在论战中处于劣势的道教，为了战胜佛教，的确是想出了很多办法。西晋时，王浮为了反击佛教编造了一部《老子化胡经》，经的大意是说：老子骑青牛出关后，来到天竺变化为佛陀，教化胡人信佛陀。此经的真实含义就是说释教乃老子教化而成的，也就是说佛教出自道门，这显然是在贬低佛教。但《老子化胡经》出台后，围绕此经的真伪佛、道两家开始了无休止的论辩。而这种论辩到了元初，终于迎来了一个终结的时代，而使其终结者，就是少林寺大名鼎鼎的方丈雪庭福裕。

元初，成吉思汗铁骑所向无敌。后成吉思汗闻道教全真教宗师丘处机道行高深，于是召丘真人至西域雪山相见。丘处机在觐见成吉思汗时劝其敬天爱民，成吉思汗深契其言，尊为神仙。由此，全真教进入全盛时期。元高祖及太宗时，蒙古人不仅信道，也崇佛。蒙古族宰相耶律楚材就是佛门弟子，其师就是金元时曹洞领袖万松行秀的弟子。由此，万松亦被奉为国师。

在元初，成吉思汗为了减少士兵的伤亡，制定了一个非常残酷的“屠城”政策，即元军围攻一个城市，若降，全城居民可免死，若被攻破，则要屠城。对于这个残酷的政策，万松行秀决定要改变，于是他让时任宰相的门徒耶律楚材及弟子雪庭福裕去说服元太宗。二人见元太宗后，提出了“以儒治国，以佛制心”的方略。实际上就是建议元军攻城略地时，要考虑民众的生命。他二人还告诉元帝，实行屠城政策会更加引起民众的反抗，这样元朝江山不能长久。后来，元太宗听取了耶律楚材和福裕的建议，在元军即将进攻拥有140多万人的金都开封时，放弃了屠城政策，使百万民众得以保全。后来，佛教界和民间因福裕劝元军放弃屠城政策而救民，留下了“雪庭福裕救天下”的故事。

元宪宗即位后，福裕又得到了更大的重用，他不仅担任嵩山少林寺方丈，而且出任元朝设立的都僧省都总统之职，总领释教。此足见朝廷对福裕及嵩山少林寺的重视。

宪宗五年（1255年），佛、道围绕《老子化胡经》在朝廷又展开了一次大论战。道教应战的是丘处机高足、全真教宗师李志常，而佛教出战的是少林寺方丈、曹洞宗师雪庭福裕。两位宗教领袖经过论战，道教李志常败北，被迫把所占的37处寺院归还佛教。宪宗八年（1258年），规模更大的一次佛、道大论战开始了，宪宗命忽必烈在朝廷主持此次大论战。少林寺方丈雪庭福裕应召火速赴京与李志常论战，论战结果以佛教的完胜而告终。《老子化胡经》等被焚毁，禁止流传。由此，围绕《老子化胡经》的真伪而展开的近千年的纷争最后终结，佛教也取得了空前的胜利。

在这场佛、道大论战中，以福裕为首的佛教究竟是如何战胜道教的呢？其原因，除福裕等据理力争及忽必烈崇佛外，还有一个不为人知的秘密，那就是福裕使出了一个出奇制胜的绝招。福裕等在论战时告诉忽必烈说：《老子化胡经》称

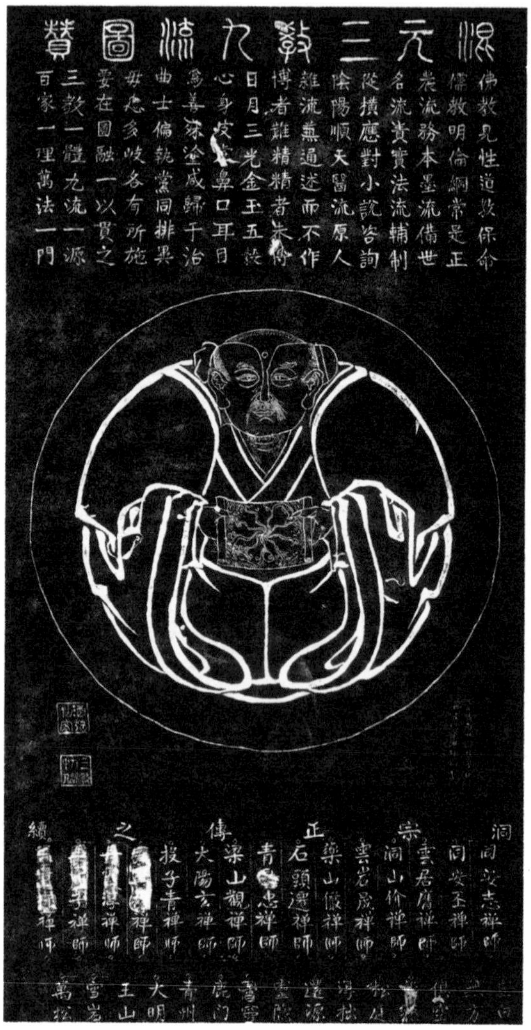

《混元三教九流图赞》碑拓片

《混元三教九流图赞》碑上的画面是老子、孔子、释迦牟尼三圣合体像。

佛教非中国之教，乃夷狄之教，非正统。《老子化胡经》所说的胡也暗指你们蒙古人，道教贬低佛教实际也是在贬低你们蒙古人。此招果然收到了奇效，忽必烈最终裁定佛教胜，并下令彻底铲除《老子化胡经》，以绝后患。

在战胜道教之后，元朝还将道教占据的 237 处寺院归还佛教，并于中统元年（1260 年）赐封福裕为“光宗正法”大禅师之号。由此，嵩山佛教也空前兴盛起来，并成为嵩山乃至整个中原的宗主。为光大少林，福裕还在蒙古和林（今蒙古国哈尔和林）、河北蓟县盘山（今天津蓟县盘山）、陕西长安（今西安）、山西太原、河南洛阳分建五座少林寺分院，而全国各地的少林寺下院更是不可胜计。当时嵩山及少林寺的鼎盛，《少林裕公碑》有载：“施者如丘山，来者如归来，嵩阳诸刹，金碧一新；洛阳白马，经筵不辍，皆师之力也。”

道教从宪宗到世祖初期确实遭到了重创，尤其是全真教。嵩山亦是如此，到了至元中，元世祖在道教宗师张留孙等的劝说下，又开始了对道教的支持，嵩山道教也得到了恢复。至元十四年（1277 年），世祖遣道教宗师祁志诚前往嵩山道教圣地中岳庙祭岳。至元二十八年（1291 年），世祖又遣玄教大宗师张留孙前往嵩山道教圣地中岳庙祭岳。之后，朝廷又派道教宗师马守心、玄教宗师吴全节等到中岳庙祭岳。由此，嵩山的道教在世祖中后期又重新兴盛起来。

如今，在嵩山中岳庙和少林寺各存有一通元朝的《圣旨》碑，乃元朝从成吉思汗起多位皇帝下给中岳庙和少林寺的圣旨。二碑的内容也大体相同，都是严令所有人不允许破坏和侵占道教圣地中岳庙和佛教圣地少林寺的一草一木。元朝的这两通《圣旨》碑可以说是元朝对平衡嵩山佛、道二教最有力的见证。

2. 三教混元求共存

在嵩山少林寺钟楼前有一通非常知名的碑刻，叫《混元三教九流图赞》碑。碑上有一画像，将佛教、道教、儒教的三位开山祖师释迦牟尼、老子和孔子绘于一体。此图通体为一像，乃佛祖释迦牟尼，左侧为道教始祖老子，右侧为儒教创始人孔子。而三教始祖手中持九流图，代表春秋战国形成的九个学术流派。

这幅极具艺术价值的《混元三教九流图赞》，乃明朝开国皇帝朱元璋的九世孙、明世子、音乐家、数学家朱载堉所绘。《混元三教九流图赞》看似艺术品，但其核心的内容在于讲述三教一体、三教合一的思想。

关于三教合一的思想，在中国由来已久。远在唐代，因三教纷争，唐太宗曾召三教调停，并希望三教共荣、共存。从此之后，三教合一思想逐渐形成一种学说。到金朝，三教合一学说得到了空前的发展。金代全真教的创始人王重阳在立教时，极力主张三教合一、三教一体。于是王重阳规定全真教的弟子，不仅要读老子的《道德经》，还要读儒家的《孝经》和佛教的《心经》。全真教的主张，使三教合一思想向前迈进了一大步，并成为当时的一种颇有影响的思潮。而地处天地之中的嵩山，则是三教一体、三教合一思想体系运转的中心。

金末，由于元军的不断进攻，一些大儒，如元好问、赵秉文、李纯甫、雷渊、麻九畴等纷纷避难于嵩山，可以说嵩山成为当时文人的会集中心，尤其是元好问在嵩山居住长达九年之久。元好问、赵秉文、李纯甫等在嵩山时，把由万松行秀、木庵性英、耶律楚材等人所阐释的儒、佛相融的主张发展成为一门学派，叫作“孔门禅”。所谓孔门禅，实际就是儒、佛、道融合的禅宗，即经禅门而渗透孔门，以佛法比拟儒学，或经孔门入禅门，以儒学证佛法。“孔门禅”的形成，元好问、赵秉文在其中发挥了重要作用，而李纯甫则是“孔门禅”理论的核心人物。

在少林寺初祖庵，有两通非常知名的碑刻，一为金兴定四年（1220 年）李纯甫撰的《重修面壁庵记》，一为兴定六年（1222 年）李纯甫撰的《新修雪亭西舍记》。这两通碑刻，从碑文的题目看似乎是写重修面壁庵和雪亭西舍的，但碑文的实质内容则是两篇精深的阐述孔门禅的论文。金兴定四年，在李纯甫撰写了《重修面壁庵记》论述孔门禅后，立即遭到了一些儒士的反对。兴定六年，为了反驳儒士对孔门禅的攻击，李纯甫又挥毫写下了《新修雪亭西舍记》，用来反击儒士。李纯甫的两篇妙文，可以说是孔门禅理论的核心之作。

自金元之际，三教合一思想便在嵩山扎下了根。到了明嘉靖四十四年（1565 年），朱载堉来到嵩山。这位对三教合一尤为热衷的大家，在明宪宗所绘《一团和气》图基础上，经过缜密构思，绘成了融艺术和思想于一体的《混元三教九流图赞》。朱载堉在图上的赞语中，对三教合一、三教一体做了极为精辟的总结：“曲士偏执，党同排异；毋患多岐，各有所施；要在圆融，一以贯之；三教一体，九流一源；百家一理，万法一门。”《混元三教九流图赞》是嵩山三教鼎立、三教一体的标志。

如今，历史上存留下来的反映三教合一的寺庙在嵩山有很多，其中尤以佛教的莲花寺和道教的安阳宫最具代表性。莲花寺和安阳宫所供主神皆为三教祖师释迦牟尼、老子和孔子。安阳宫大门上的对联是这样写的：“才分天地人总属壹理，教有儒释道终归同途。”莲花寺大门上的对联是这样写的：“三教九流同归大道，千崖万壑合成奇观。”这就是嵩山三教鼎立、三教合一、三教荟萃的真实见证。

登封和大禹故里

撰文　常松木（郑州）

大禹故里自20世纪90年代以后成为大禹研究领域的一个热门话题，虽然四川的学者认为禹生石纽在四川，可是没有得到四川以外的学者的认可，就连四川内部亦出现了北川、汶川、茂县、理县、都江堰等地间的大禹故里之争。除大禹故里四川说之外，大禹故里中原说影响更大，而地处中原、嵩山南麓的河南登封则与大禹有十分密切的关系，被称作大禹故里应名副其实。

嵩山是夏部族的发祥地和活动中心

以鲧、禹为首领的夏部族是黄帝部落的后裔，这一点在《史记》《山海经》等典籍中说得很明白。黄帝都于有熊，即今嵩山东麓的新郑、新密一带，现在每年在新郑举办的黄帝故里拜祖大典已吸引了海内外中华儿女的关注和参与。黄帝之孙、大禹之祖颛顼亦主要活动于以嵩山为核心的中原，都于帝丘。学界一般认为夏部族活动的范围在以伊洛、嵩山为中心的豫西、晋南一带。

诸多文献记载嵩山地区是夏部族的发祥地和活动中心。司马贞《史记·夏本纪·索隐》载："《连山易》云：'鲧封于崇。'故《国语》谓之崇伯鲧。"《逸周书·世俘》亦称大禹为"崇禹"。可知早在周代，人们已经认为夏部族的祖先鲧和禹就是崇山地区的部落酋长。《国语·周语下》载："昔夏之兴也，融降于崇山。"韦昭注："融，祝融。崇，崇高山也。夏居阳城，崇高所近。"这里所谓"融降于崇山"，与《山海经·海内经》所说"帝令祝融杀鲧于羽郊"应是一致的。《太平御览》又引韦昭注云："崇、嵩字，古通用，夏都阳城，嵩山在焉。"夏部族起源于嵩山地区的文献记载之早、之多，是其他各夏部族起源地之说所不能比拟的。

另外，根据《随巢子》《淮南子》《汉书·武帝纪》中启母石神话的记载，大禹的儿子启出生于嵩山脚下。《穆天子传》载："天子游于黄室之丘，以观夏后启之所居，因入于启室。"嵩山地区还有箴启洞、箴启亭、钧台等遗迹，这些说明嵩山亦是启活动的中心。登封西部的颍阳镇古称纶氏，纶氏是夏朝的一个方国，史料记载，少康中兴夏朝正是以纶为根据地。而整个夏代，其都城大多环嵩山而建，这足以说明嵩山是夏部族的活动中心。

《禹生石纽记》碑

登封石纽屯《禹生石纽记》碑，碑文由全国政协文史委主任王全书书写。

大禹故里应不出夏部族的活动区域。大禹故里四川说、甘肃说乃至青海说，都源于《史记·六国年表》中的“大禹兴于西羌”，实际上“兴于西羌”和“生于西羌”不能混为一谈。现在所认知的西羌之地并非夏部族的活动范围，再者，大禹若为西羌人亦与大禹是黄帝后裔相矛盾。大禹故里在夏部族的活动中心地区在以登封为核心的嵩山一带是合情合理的，而登封古称阳城，与文献记载的“禹居阳城”又相符合。从鲧至少康，河南登封有他们大量的活动遗迹，这足以说明登封正是夏部族活动的中心，因此大禹故里在登封是与常理不悖的。

登封流传有大禹出生神话及遗迹

关于大禹出生的神话传说，河南登封主要有两种说法：一是鲧腹生禹，可见拙著《大禹与嵩山》《登封大禹神话传说》；一是下雨王下凡借尸转世，见之于韩有治先生《嵩山民间故事》。

关于鲧腹生禹，老年人最后是这样讲的：“鲧被杀后，过了三年尸体都不会腐烂。尧害怕其复活后到天宫捣乱，就又派祝融拿着锋利的吴刀，砍开了鲧的肚子。刚一砍开，只见一道白光，一条小虬龙就从鲧肚子里飞出，很快便飞到了嵩山，变成了一个英俊的少年，这个少年就是大禹。而鲧的尸身则变成了三足鳖，跳入了一个大水潭中。”河南三门峡、洛阳一带流传的传说结尾也大体如此，都说小龙飞到嵩山变成了大禹。而嵩山少室山下石纽屯以及城关镇一带，则流传有下雨王下凡借尸转世的传说。相传夏禹王的原神是天上管行云布雨的下雨王，因不慎被蛟龙偷去雨簿，到下界下起暴雨，玉皇大帝让他戴罪立功，限期治服洪水。当他下凡后看到洪水滔天，再投胎转世已来不及了，就决定借尸转世，刚好石纽屯崇伯的儿子文命得病而死，于是他附尸转世。第一种说法源自《山海经·海内经》，第二种说法应是第一种说法的演绎，即下雨王就是鲧，借尸转世就是禹从鲧尸腹中所生。

关于大禹的出生还有禹生石纽和禹母吞薏苡而生两种说法。嵩山少室山下今登封市少林办事处祖家庄村现存一块石头，人称石纽石，被老百姓奉为神石而顶礼膜拜，言其既能治病又能保平安，石头上部被摸得光滑异常。尤为重要的是，少室山下少林河边的马庄、尚庄、刘庄、张庄、祖家庄、耿庄等地现在的老百姓还俗称其为“一溜石纽屯儿”，而祖家庄更因大禹后裔将其奉为先祖出生之地而得名。虽然明、清《登封县志》中石纽屯音转为“水牛屯”，但是这几个村名都被念转了，尚庄读为啥庄，刘庄读为罗庄，张庄读为扎庄，王庄读为瓦庄，祖家庄读为左庄，耿庄读为各庄。另外，祖家庄南面还有一个古村落夏店河，虽然现已无存，遗址被沙土所覆盖，但清代《登封县志》中有载，现在的老年人还能准确指出村庄以及部分房基的位置。村名是历史的活化石，石纽屯、祖家庄、夏店河这些村名折射出了大禹出生神话的影响。

下雨王借尸转世的传说明显受到鲧腹生禹神话的影响，应是后世对鲧腹生禹神话的演绎和再创作。借尸转世的地点在祖家庄村北的土岗上，老百姓称这个土岗为息壤岗，相传是鲧从天庭所盗息壤的遗留物，并且相传少林河的洪水涨，它也涨，总是淹不住它。而石纽石就在息壤岗上，成为大禹出生于此的标志，今年春夏之交，祖家庄禹王祠落成后，如同少林寺僧人将达摩面壁石从达摩洞移入初祖庵一样，人们将石纽石移放至禹王祠中。

至于禹母吞薏苡怀孕而生大禹的说法，在嵩山地区也有佐证。嵩山北麓有条河叫汜水，汜和姒音同，是否禹母修己在汜水边吞薏苡而孕，还需要确证，但二者之间应有一定关联。河北省文物研究所的倡庆琪先生说：“据《华夏姓氏》所载，大禹封国于夏，当时居在河南荥阳汜水（古为泤水），取姓姒氏，建都阳城（今河南登封）。”

除石纽石、息壤岗外，祖家庄周围还有夏地、东军地、姚沟、擂鼓石、棺材石、禹岭、禹王坛、妖魔潭、金牛峰、牛角石、树碑石等与大禹有关的遗迹。另外，中华炎黄文化研究会、中国大禹文化研究中心、登封市大禹故里文化研究会在祖家庄还刻立了《禹生石纽记》碑、大禹故里祖家庄等巨碑，昭示世人大禹故里就在登封市少室山下“一溜石纽屯儿”的祖家庄。

启母阙铭文是大禹故里在登封的最有力证据

嵩山主体为太室山和少室山，“室”即家室、妻室，因大禹和涂山娇、涂山姚分别居住于其下而得名。汉代时，人们在太室山和少室山下分别建启母庙和少姨庙，奉祀大禹的夫人涂山娇、涂山姚。东汉时，颍川太守朱宠又分别在庙前创建启母阙和少室阙。武则天封禅中岳嵩山后，又加封启母为玉京太后，少姨为金阙夫人，夏启为齐圣皇帝。

大禹治水三过家门而不入，被人们奉为公而忘私、无私奉献的圭臬。启母阙上的夏禹化熊、启母化石两幅画像是研究大禹治水和大禹故里的重要实物见证。《淮南子》载：“禹治洪水，通轩辕山，化为熊。先谓涂山氏曰：‘欲饷，闻鼓乃来。’禹跳石，误中鼓，涂山氏往见，惭而去，至嵩山下化为石。方孕启，禹曰：‘归我子。’石破北方而启生。”《随巢子》《汉书·武帝纪》等也有类似的记载。

启母阙铭文明确记载了鲧禹治水和大禹三过家门而不入一事，也记载了汉代人们对大禹的崇拜：

昔者共工，范防百川。柏鲧称遂，□□其原。洪泉浩浩，下民震惊。禹□大功，疏河泻玄。九山甄旅，咸秩无文。爰纳涂山，辛癸之间。三过亡入，实勤斯民。同心济隘，胥建三正。杞缯渐替，又遭乱秦。圣汉禋享，于兹冯神。翩彼飞雉，崪于其庭。贞祥符瑞，灵支挺生。出□彌化，阴阳穆清。兴云降雨，□□□盈。宁一不歇，比性乾坤。福禄来归，柏宥吾君。千秋万祀，子子孙孙。表碣铭功，昭视后昆。

这段铭文可分为两部分来解读。第一部分记述了共工、鲧、大禹治水的情况以及大禹三过家门而不入的感人事迹。

启母阙
启母阙，为汉代启母庙前的神道阙，为第一批全国重点文物保护单位。

第二部分记述了夏部族的兴衰、汉代祭祀启母和大禹时出现的祥瑞以及让后人永远记住启母和大禹的功绩等。启母阙铭文下还有一段铭辞，其大意是：大禹功德无量，广布天下，其文德照耀着四海各地。祭祀的肉天天更新，而且非常丰盛，出现了很多祥瑞，远方之人都羡慕灵异而来朝拜。大禹时期政治清明，现在又赐给我们以无限的幸福。我们都祈求快乐无穷，永远安宁。从这里我们可以看出，汉代人们铭记大禹和启母的功德并隆重祭祀他们。

启母阙在登封市区北的嵩山万岁峰下，2010 年已作为“登封天地之中历史建筑群”的重要组成部分列入了世界文化遗产保护名录。其他地方仅相传大禹三过家门而不入，既没有明确的文献记载，更没有这样的文物实证，尤其是没有这等规格的文物作实证。从这个意义上说，大禹故里就在河南登封。

夏部族的嵩山灵石、神树崇拜

夏部族曾以石为图腾。《淮南子·修务训》载：“禹产于石。”又《墨子·墨子后语》说：“禹产于碾石，启生于石。”《艺文类聚》卷六引《随巢子》亦谓：“禹产于石。”而《路史》中亦记载：“夏禹之母获月精，石如薏苡，吞而生禹，母后为石，登封有庙，庙有一石，号启母石。”《山海经·中山经》说：“又东三十里曰泰室之山……上多美石。”郭璞注曰：“启母化为石而生启，在此山。”这些禹产于石、涂山氏化为石、石裂而生启的记载，说明了大禹、夏启部族对灵石的崇拜。嵩山的山体主要以石构成，嵩山的一些石头被赋予了特殊的意义，如面壁石、三公石、卧牛石、寿星石、地胆石等，而与大禹文化有关的名石更多，除启母石、石纽石外，还有与大禹有关的马蹄石、禹影石、照爷石，与夏启有关的磨斧石、试斧石等。

启母石
太室山万岁峰南麓的启母石，传说为大禹妻子涂山氏所化，裂而生启。
汉武帝游嵩山见之遂建启母庙。

远古时期，夏部族亦有神树信仰，大禹曾下令保护山林。《逸周书·大聚解》记载：“禹之禁，春三月，山林不登斧，以成草木之长；夏三月，川泽不入网罟，以成鱼鳖之长。”很显然，这些禁伐，完全是出于一种宗教信仰，认为树木有神灵，让人们不要触怒树神。《论语·八佾》篇载：“哀公问社于宰我。宰我对曰：夏后氏以松，殷人以柏，周人以栗。”这说明夏部族信仰松树，以松树为社树、神树，也有专家认为是“木主”说，即夏、商、周分别以松、柏、栗来制作祭祀先祖的木主。

夏部族以松树为神树，而古代，“嵩”“崧”通用，故嵩山亦被称作崧山。嵩山地区古碑中多有以“崧”代“嵩”者。王曾《崇圣帝碑》：“事光虞典，备五载之时巡；绩著夏王，正九州之封略。惟中崧之绝巘，直关塞之奥区。京邑在其旁，经渎流其域。万邦辐辏，霜露之所均；二室天开，风云之所蓄。”而古代嵩山生长有大量松树，在有关嵩山的典籍中，有很多描述嵩山松树的诗文。以《说嵩》收录的古诗为例，武则天《同太平公主游九龙潭》、宋之问《下山歌》、王维《送方尊师归嵩山》、李白《赠嵩山焦炼师》、李颀《少室雪晴送王宁》、卢象《家叔征君东溪草堂二首》、储光羲《至岳寺即大通大照禅塔上温上人》、白居易《从龙潭寺至少林寺题赠同游者》、梅尧臣《峻极寺》、元好问《会善寺》、冯璧《同希颜怪松》、雷渊《会善寺怪松》等诗中都有描述松树的诗句。袁宏道《嵩游记》、徐宏祖《徐霞客游记》等散文亦多次提及松树。这些诗文表明嵩山地区的确生长有大量的松树，为夏部族以松树为神树的信仰提供了有力的旁证。

夏部族的灵石崇拜、神树信仰，与嵩山独特的地质构造和生态环境是密切相关的，这也可以作为大禹故里在登封的旁证。

禹都阳城及考古成果的佐证

大禹生活的时代处于龙山文化晚期，1959 年著名考古学家徐旭生在嵩山地区调查发现了龙山文化遗址，1975 年以来陆续在王城岗进行考古发掘，证实了王城岗遗址是鲧和大禹建都之地。这和诸多文献记载的“禹避阳城”“禹都阳城”相吻合。

现在，登封已发掘或普查发现了许多龙山文化遗址，以禹都阳城王城岗遗址最为有名。王城岗遗址位于登封市告成

王城岗遗址
登封王城岗遗址即文献中的“禹都阳城”，它开启了中华“国都”的先河。

禹洞
登封市徐庄乡禹洞为一天然溶洞，相传大禹治水时曾在此洞休憩。

镇西，距祖家庄16公里，背依王岭尖，处于五渡河注入颍河的夹角地带。王城岗遗址面积50余万平方米，文化层平均厚2米左右，最深处可达9米。遗址内发现有龙山文化晚期的两座小城堡和一座大城以及奠基坑、窖穴、灰坑等遗迹，还出土有大量陶器、石器、骨器、铜器等生产工具和生活用具。两座小城中的东城绝大部分已被洪水冲毁，王城岗大城可以被看作雏形国家的政治实体的中心所在，在时间、地点、规模方面都够资格被称为禹都，现在大多数专家都认为王城岗大城是在小城被洪水冲毁后大禹所建的都城。1988年，王城岗遗址被国务院公布为全国重点文物保护单位。

1979年以来，河南省考古队在登封沿颍河两岸进行普查，还发现了黄楼遗址、程窑遗址等龙山文化遗址以及石羊关、王村、范店、南高马、油坊头、袁桥、朱家坪、毕家村西地、小李湾、向阳、康村等新石器时代遗址，这些都距祖家庄不远，都在20公里的范围之内。

嵩山周围更是分布有大量龙山文化遗址，经发掘最著名的有洛阳王湾、临汝煤山、禹州瓦店、新密新砦、巩义稍砦、偃师斟鄩等。据许顺湛先生统计，禹州市龙山文化遗址共有19处。登封和禹州的龙山文化遗址绝大部分分布在颍河及其支流流域内，形成了一个聚落群。中华文明探源工程预研究确定了4个重点考古研究项目，其中3个在嵩山周围，分别是王城岗遗址、古城寨遗址、新砦遗址。

中国社会科学院考古研究所所长刘庆柱先生认为，河洛地区即嵩山地区的河南龙山文化就是夏文化的母体文化，多年来的考古发现与研究已经证实，河南龙山文化是夏文化形成的直接源头，而以伊洛河平原、洛阳和嵩山地区为中心的河洛地区，是河南龙山文化的重要分布地区，就这点而言，河洛地区可以说是夏文化、华夏文化的发源地及其形成、发展的核心地区。

对于四川成都平原发现的距今 4500—3800 年、以史前宝墩古城遗址群为代表的宝墩文化，专家认为应该是蜀国开国之初的文化遗存；而三星堆遗址则属青铜时代文化遗址，约相当于中原的夏、商、周时期。虽然有专家认为三星堆整体文明来源于夏王朝有缗氏（蜀族），但就目前掌握的文物及史料来看，古蜀国与中原商王朝并无任何藩属关系，而是两个相对独立的方国。这也从一个侧面反映了大禹和四川的关系。

因此，从以上这些“地下之材料”之考古成果来看，嵩山地区是河南龙山文化的重要分布地区，因此大禹故里在嵩山地区是有考古学根据的。

登封是全国大禹文化遗迹最富集的地域

登封境内的大禹遗迹有 70 多处，是中国大禹文化遗迹和大禹神话传说最丰富和最集中的县域。登封的大禹文化遗迹主要可以分为以下几类。

（一）建筑类。建筑类又可分为城、阙、庙、墓、亭等。城主要有阳城、负黍城和黄城。阳城是禹都；登封流传有“负黍厅对”的传说，相传舜帝访贤时曾在负黍城对大禹进行考察；黄城相传是鲧之都城，因黄城位居阳城西北，在八卦中属乾位，故称黄城北边的山为阳乾山。阙主要是中岳汉三阙，即太室阙、少室阙、启母阙。太室阙上的鳖图腾像，启母阙上的夏禹化熊、启母化石像等，与大禹文化有直接关系，而启母阙和少室阙则又是大禹两位夫人的神庙启母庙和少姨庙前的神道阙。登封奉祀大禹的庙宇很多，主要有禹王庙、水王庙、三官庙、白圪垯庙、大禹庙、北五里庙、禹王祠、道统祠等，其中供奉尧、舜、禹的三官庙最多，几乎每个乡镇都有。而登封周边与大禹相关的庙宇亦有禹州的拉王庙、二姨庙，巩义的启母少姨庙，偃师的少姨庙行宫等。墓主要指启圣墓和启母冢。启圣墓位置已失考，启母冢则在告成镇冶上村。亭主要指筮启亭，现已被毁。

（二）山河类。登封的山主要有太室山、少室山、箕山、五指岭、焦山、长岭山等。太室山、少室山因大禹的两位妻子分别居住于其下而得名；相传五指岭是大禹的五个手指所化；相传焦山则是大禹火烧蛟河，将此山烧焦而得名；相传长岭山则是大禹治理大冶镇一带洪水的指挥中心。另外，还有伯益避启于箕山之阳的箕山。相传登封境内的颍河、狂河及颍河支流蛟河、禹洞河、少溪河大禹都曾治理过，尤以

火烧蛟河、禹王锁蛟的传说最为有名。笔者还曾有拙文《颍河——大禹治水第一河》来介绍大禹治理颍河的情况。

（三）碑石类。在登封与大禹有关的碑刻有很多，如启母庙碑、少姨庙碑、创修禹益岁祭之庙碑、重修禹王庙碑、禹避阳城处碑、新立道统祠记碑、重修金牛泉碑，以及近年来刻立的大禹之碑、禹生石纽记碑、岣嵝碑、夏禹书碑、大禹故里碑、禹王祠落成碑。非常可惜的是，神禹大篆和九州图刻石已无迹可寻。“东方朔《十洲记》：禹治洪水既毕，经诸五岳，使工刻石识其里数高下，其字蝌蚪书……傅梅《嵩书》：玉女峰北，上有大篆七字，人莫能识……任昉《述异记》：鲁班刻石为禹《九州图》，在太室山。”而据《路史》所载，至少南宋以来，神禹大篆已再无人见到。

（四）地名类。登封的很多地名都与大禹文化有关，如禹洞、禹王沟、爷沟、姚沟，更多的则是村名，除石纽屯、祖家庄、夏店河外，还有禹洞河、三官庙、大河口、上沃、焦河、夏庄、沁水、海渚、北夏庄、雅山等，而这些村庄要么是大禹后裔的聚居处，要么与大禹治水有关。值得一提的还有轘辕关、阳城关、黑石关、秦五龙等，这些关口相传都是大禹治水时凿开的。另外，还有胥店村的港口以及登封周边的汝州胡浪山、巩义黑石关、禹州钧台等。

禹生嵩山是学术界的主流观点

关于夏部族的活动中心在豫西、晋南，大禹故里在中原地区的嵩山、登封一带，学界已有不少结论。

司马迁《史记·封禅书》说：“昔三代之居，皆在河洛之间。”

徐旭生《1959 年夏豫西调查夏墟的初步报告》认为：“我们想找出夏氏族或部落所活动的区域，就需要从古代所遗留下来的传说中去找，这就是说在文献所保留的资料中去找……从剩下来不多条的史料比较探索的结果，觉得有两个区域应该特别注意：第一是河南中部的洛阳平原及其附近，尤其是颍水谷上游登封、禹县（今禹州）地带，第二是山西南部汾水下游一带……今告成镇为古阳城是一种最普通的说法，也是较正确的说法。”

郑杰祥《论禹、戎禹和九州的关系》认为：“我国古代夏部族就兴起于崇山周围。夏部族的祖先鲧和禹，史书又称之为崇伯鲧和崇禹，这说明他们曾是崇山也即是嵩山地区的部落酋长，该族当然也是居住于崇山也即嵩山地区的主要居民，正如徐旭生先生所说：‘崇伯鲧的氏族所在地在嵩山脚下当无疑问。’崇山就是古代九州之一的太室山。”

“天地之中”登封全景　白海摄影

方西生《夏王朝中心在伊洛和汾浍河流域考析》认为：“从文献记载来看，夏后氏从鲧开端，到禹传子启，建立起夏王朝，中间至多还有太康、仲康、少康、杼、帝廑、孔甲、皋、发和桀诸王的统治中心是在豫西和晋南地区……夏王朝的统治中心地区，应当是在以嵩山为中央的伊洛河流域与颍水谷下游的登封、禹县一带以及晋西南的汾、浍河流域是不成疑问的。”

蔡运章《嵩山是夏部族的发祥地》认为：“嵩山周围是夏部族的发祥地域……鲧的封国就在嵩山周围，而夏部族本是居住在嵩山周围的古老部族……故所谓‘禹生于西羌’和‘禹生于石纽’的传说，都当是中华先民母石崇拜和炎帝族西迁的产物。”

田继周《先秦民族史》认为：“禹之生地，不可能远在四川汶川、茂汶一带，应在禹父母生活的地区，即今郑州、嵩山、密县（今新密）一带。”

周原孙《禹生石纽辨析》认为：“关于禹的生地，自古到今议论颇多。大量的文献记载说，禹的父母妻子以及他本人，都是河南崧山一带的居民。禹的父亲在《左传》《国语》上称为‘有崇伯鲧’，崇是鲧的封国。王念孙说，古代无‘嵩’字，因此以‘崇’代之。所以，史学界一般都认为，崇的地望在今河南嵩县和嵩山一带……禹子启，《汉书・武帝纪》颜师古注引《淮南子》说，启生于嵩山脚下。《逸周书・世俘》说：‘籥人奏崇禹生开’，‘崇禹’二字说明禹生活在崇山一带……从文献记载和豫西、晋南的考古发掘来看，我们有充分的理由认为，夏人的早期活动地不出今河南、山西和陕西东部，禹的生地也当在嵩山一带，而绝不可能在远离夏人活动中心的四川……扬雄偏信了四川岷江上游羌民的一些有关大禹的传说。因此，我们认为扬雄的‘禹生石纽’说是不可信的。禹生石纽不可信，那么，夏文化发源于四川也是不可信的。”

蒙默《禹生石纽续辨》认为：“（著名人类学家、考古学家）冯汉骥先生于 1938 年曾深入松潘、理番、茂县、汶川等地区进行了三个月的民族考察及考古调查和发掘……根据其亲身经历，结合文献记载，从生态环境、民族调查和田野考古等方面写成《禹生石纽辨》，对世俗悠谬之说进行了有理有据的考辨，指出‘禹生石纽’‘根本为后起之附会，而无事实的根据’，亦以载于《说文月刊》。”

笔者《大禹故里考论》也认为：“大禹故里的说法虽有十余种之多，但大禹作为黄帝后裔，是华夏民族的人文始祖，夏部族的发祥地和主要活动地区都在以嵩山为中心的中原地区；中原地区的登封、禹州亦有石纽的地名，登封还有石纽石与古代的灵石崇拜、生殖崇拜相对应，近代大多学术大家认为《禹贡》九州与大禹活动地区及夏王朝疆域不相符合，九州应为古代的‘中国’即中原地区，大禹生活时代相当于河南龙山文化晚期，而环嵩山周围发现有大量且重要的龙山文化晚期遗址。因此，我们可以得出结论：大禹故里在中原，在嵩山脚下的登封。”

陈剩勇《大禹出生地考实》认为：“至于扬雄等人‘禹本汶山郡广柔县人也，生于石纽’之说，则显然是西北羌族的一支迁入四川之后附衍而来的小说家者言，非信史也。”

综上所述，夏部族的活动范围在豫西嵩山、伊洛一带，嵩山地区是鲧、禹、启的活动中心，河南登封流传有大禹出生神话传说，并有石纽石、息壤岗、石纽屯、祖家庄等遗迹与之对应，嵩山启母阙铭文明确记载禹“三过亡入，实勤斯民”，夏部族的灵石崇拜有登封的石纽石、启母石等物化载体，夏部族以松树为神树，而嵩山古称崧山即因古代生长有大量松树而得名，登封发现的 20 多处龙山文化遗址尤其是王城岗遗址为禹居阳城、禹都阳城提供了考古学证据，登封拥有 70 多处大禹文化遗迹，冯汉骥、徐旭生、周原孙等专家认为大禹不可能为西羌人，而应生于嵩山一带，这亦成为学术界占据主流的重要观点。因此，我们有充分理由相信，大禹故里应在河南登封一带。

王子晋与中国道教

撰文 赵长海（郑州）

《王乔控鹤》图　清 · 任熊绘画

文献里的王子晋与王子乔

王子晋，即太子晋，名姬晋，为周灵王太子。后世又有仙人王乔、王子乔者，乃道教中最早的仙人之一，其原型即为太子晋。

记载太子晋事的先秦文献主要有《逸周书 • 太子晋解》和《国语 • 周语下》。《逸周书 • 太子晋解》全文千余字，主要记载晋国大夫师旷与太子晋的对话，反映太子晋之聪明机变之才。其文最后的记述是：

师旷对曰："瞑臣无见，为人辩也，唯耳之恃，而耳又寡闻而易穷。王子，汝将为天下宗乎？"王子曰："太师何汝戏我乎？自太皞以下，至于尧、舜、禹，未有一姓而再有天下者，木大当时而不伐（据黄怀信校，此下当有脱文），天何可得？吾闻汝知人年之长短，告吾。"师旷对曰："汝声清污，汝色赤白。火色不寿。"王子曰："然吾后三年上宾于帝所，汝慎无言，殃将及汝。"师旷归，未及三年，告死者至。

此篇文字是了解太子晋情况的重要文献，现在一般认为，其成篇于战国中晚期。明胡应麟在其《少室山房笔丛 · 三坟补逸下》云："太子晋事甚诡诞，盖战国人以晋早慧而夭，为此说以神之。"

在此篇中，对后世仙道思想影响至大的，尚有一个重要的关节，即太子晋言："吾后三年上宾于帝所，汝慎无言，殃将及汝。""上宾于帝"及"上宾于天"等词，后世多谓帝王之死，其最早即出现在此文。其实际意义当然是死亡，但太子晋的意思，亦必是列仙上天之意。故后世仙道家解释此句，皆谓羽化登仙。如仅仅解释为太子晋能预知其死，让师旷缄口莫言，则其意不全，而是太子晋要直达天庭，天机不可泄露，故要师旷"汝慎无言，殃将及汝"。清陈逢衡云："上宾，犹登遐也。宾于帝所，言在帝左右也。后世以王子晋为仙人，本此。"

太子晋的事迹在先秦文献中的另一重要记载是《国语》，对太子晋在政治影响方面，有更进一步的发挥。其谓：

灵王二十二年，谷、洛斗，将毁王宫。王欲壅之，太子晋谏曰："不可。……自我先王厉、宣、幽、平而贪天祸，至于今未弭，我又章之，惧长及子孙，王室其愈卑乎！其著之何？自后稷以来，宁乱及文、武、成、康，而仅克安民。

自后稷之始基靖民，十五王而文始平之，十八王而康克安之，其难也如是。厉始革典，十四王矣，基德十五而始平基祸，十五其不济乎？……作又不节，害之道也！”王卒壅之。及景王，多宠人，乱于是乎始生。景王崩，王室大乱。及定王，王室遂卑。

对于此文的成篇时间，西北师范大学魏代富先生认为：“这段文字或有瞽史口传中的增饰，但人物、事件、时间、地点等基本要素是可靠的，结构框架也应是大体相近的。……这段文字是后人据史家讲诵增饰而成，说辞成文时间约在周景王至周元王期间，验辞成文时间在周贞定王之后。从文中唯能得知太子晋具有深厚的学识和敏锐的洞察力，这即是早期太子晋的形象。”

由此可得出结论，太子晋的生平情况虽现已不得其详，但确实有真实的人物存在，且聪慧仁爱，有尧舜之志。在东周动乱不安、礼崩乐坏的末世，为人所怀“五百年必有王者兴”期待的王子晋，却不幸短命而死。因其生前有“上宾于天”的预言，故后人演绎附会神话之，也就是人之常情了。《遗周书》《国语》等先秦文献奠定了太子晋聪慧博达、仁爱有为的形象后，愈传愈神，王乔或谓王子乔均脱胎于太子晋的聪慧神异及“上宾于天”的道行。

“王乔”第一次出现在《楚辞·远游》里，其谓：“轩辕不可攀援兮，吾将从王乔而娱戏。餐六气而饮沆瀣兮，漱正阳而含朝霞，保神明之清澄兮，精气入而粗秽除，顺凯风以从游兮，至南巢而壹息，见王子而宿之兮，审壹气之和德。”东汉王逸注为“遇子乔”。“王乔”“王子”都可看作是“王子乔”。

《远游》是否为屈原作品，历来争论较大。东汉王逸，宋洪兴祖、朱熹，清王夫之、蒋骥，今姜亮夫等均认为是屈原作品，清胡浚源、吴汝伦，今胡念贻、赵逵夫、王泗源等则认为《远游》不当为屈原作品，而是汉初伪作。后说影响较大，几成定论。若《远游》确为屈原作品，则王乔的出现晚于太子晋二三百年的时间；若此篇为汉初作品，则晚于太子晋四五百年。

东汉“王乔马、赤诵马”铭七乳禽兽纹镜

王子乔在西汉初期文献中已多次出现，其仙人地位已被奠定，常与赤松子（赤诵子）等成对出现，且其养生长寿升仙的方法更加具体化。如在西汉著名辞赋家严忌所作《楚辞·哀时命》中有：“与赤松而结友兮，比王乔而为偶。”西汉刘安《淮南子·齐俗训》里有：“今夫王乔、赤诵子，吹呕呼吸，吐故内新，遗形智，抱素反真，以游玄眇，上通云天。今欲学其道，不得其养气处神。而放其一吐一吸，时诎时伸，其不能乘云升暇亦明矣。”刘向《九叹·惜贤》又有：“驱子侨之奔走兮，申徒狄之赴渊。”在马王堆出土的《十问》里有：“王子巧（乔）父问彭祖曰：人气何是为精乎？彭祖合（答）曰：人气莫如朘精。朘气菀闭，百脉生疾；朘气不成，不能繁生，故寿尽在朘。”

在诸多的西汉文献中，均没有记载王子乔和太子晋为同一人。只是到了东汉，才有王乔、王子乔脱胎于太子晋之说。最早认为王乔即太子晋的文献有：东汉时王符的《潜夫论·志氏姓》及旧题汉刘向的《列仙传》。此后又有东汉末期应劭的《风俗通·正失》。王符《潜夫论·志氏姓》及应劭《风俗通·正失》在节述《逸周书·太子晋》后说道："其后三年而太子死。孔子闻之曰：惜夫！杀吾君也。世人以其豫自知去期，故传称王子乔仙。"至于旧题西汉刘向所著《列仙传》所载王子乔事迹，虽然影响最大，但其成书时间一般均认为当在东汉中晚期。应劭书中记载，或当承袭王符《潜夫论·志氏姓》的记载，但《列仙传》与《潜夫论·志氏姓》的成书先后，现在尚无法确定。

今之学者多认为王子乔与太子晋为不相干的二人。但在秦汉之际的仙人王子乔，其来源绝不可能完全出于臆想。大概在《逸周书》里记载的"乃注瑟于王子，王子歌《峤》"，极有可能即太子晋成为王子乔或王子高的主要原因。在当时文献的不断传写中，"歌"字脱落，以"峤"误为"侨"或"高"的可能性更大些。甚至在《史记》中记载的"正伯乔"，其最大的可能亦当"王"字因形误而刊写成"正"。至于有人说到太子晋封邑乔（现武陟一带），故后世把太子晋称作王子乔，笔者查遍所有的文献，关于此说并没有准确的早期文献记载。

由此可知，王子晋之衍化为仙人王乔、王子乔，当不晚于汉初，最迟不晚于汉武帝晚年。因汉武帝求仙对中国的历史、对仙道教的产生均具有极大的影响，王子乔出现于此时，当有其渊源和道理所在。汉初武帝时代，王子乔当已是著名的仙人，又逐渐成为东王公、西王母的陪侍神仙，成为神仙界最具影响的顶层人物之一。而到东汉末期道教兴起，王子乔、王乔的各类版本和形态，也就在不同的时代和地区，有了众多的版本和流变。

王子乔仙话的流传版本

如果说西汉时期王子乔还只是一个吐故纳新、闭精固气的修炼家的话，那么到了东汉魏晋时期的王子乔，则有了更加神异的功能。其种种神异和不同的说法，一方面适应了不同地域的道教传承需要，同时也是道教兴起后，有意创造仙神的必然。

在王子乔仙话神迹的流传过程中，出现过很多不同的版本，其中较有影响的是叶令王子乔。其记载主要是在东汉末期应劭的《风俗通·正失》中，其"叶令祠"条谓：

> 俗说孝明帝时，尚书郎河东王乔迁为叶令，乔有神术，每月朔常诣台朝，帝怪其来数而无车骑，密令太史候望，言其临至时，常有双凫从东南飞来；因伏伺，见凫举罗，但得一双舄耳。使尚方识视，四年中所赐尚书官属履也。每当朝时，叶门鼓不击自鸣，闻于京师。后天下一玉棺于厅事前，令臣吏试入，终不动摇。乔："天帝独欲召我。"沐浴服饰寝其中，盖便立覆，宿夜葬于城东，土自成坟，县中牛皆流汗吐舌，而人无知者，百姓为立祠，号叶君祠。牧守班录，皆先谒拜，吏民祈祷，无不如意，若有违犯，立得祸。明帝迎取其鼓，置都亭下，略无音声。但云叶太史候望，在上西门上，遂以占星辰，省察气祥。言此令即仙人王乔者也。

应劭把叶令王子乔作为民间传说记载后，紧接着就驳斥了其荒诞性，并且说道："叶令祠"就是《左传》里祭祀"叶公子高"的地方，"此乃春秋之时，何有近孝明乎？""灵台位国之阳，又安别在宫中？""何有伺一飞凫，遂见其处乎？世人矫诬，岂一事耳！"应劭还明确地说王乔乃脱胎于太子晋，"后世以其自豫知其死，传称王子乔仙"。故校注研究《风俗通》多年的王利器先生就说道："应氏则于《正失》篇叶令祠条，举王乔事而辨其诬，其识高出东汉诸史，不啻倍蓰，此其一隅耳。"

学者于史事的详密考订和识见，并不能抑制民间愈传愈神的习惯心理。其实仔细揣摩其民间传说荒诞的原因，仍不外是"叶公子高"和"王子乔"名字形近义同，所引起的后人附会而已。但这样的附会，因其神异动人，对于杂而多端的道教而言，有助于神仙信仰，人不愿究其实，故愈传愈广，形成了叶令王子乔的一个重要版本。所以在后世的诗文中，"飞舄王乔""飞舄双凫""凫仙""双飞履""凫飞"等众多源于叶令王乔的名词出现，成为仙家飞升最常用的代称。

不过后人附会叶公子高为王子乔，并非完全的空穴来风。在《史记·封禅书》里有这样的记载："（秦文公）作鄜畤后九年，文公获若石云，于陈仓北阪城祠之，其神或岁不至，或岁数来，来也常以夜，光辉若流星，从东南来集于祠城，则若雄鸡，其声殷云，野鸡夜雊。以一牢祠，命曰陈宝。"司马贞《史记索隐》引《列异传》云："陈仓人得异物以献之。道遇二童子，云：'此名为媦，在地下，食死人脑。'媦乃言：'彼二童子名陈宝，得雄者王，得雌者伯。'乃逐童子，化为雉。秦穆公大猎，果获其雌，为立祠。祭，有光，雷电之声。雄止南阳，有赤光长十余丈，来入陈仓祠中。所以代俗谓之宝夫人祠，抑有由也。叶，县名，在南阳。叶君即雄雉之神，故时与宝夫人神合也。"

此段《史记》中所记"其神或岁不至，或岁数来，来也常以夜，光辉若流星"成为后世《风俗通》及《后汉书》记载叶令王乔文字的最初源头。叶君（雄雉神）和叶公子高、叶令等这类不同的人物或传说，在民间或许分得不那么清，故逐渐混为一谈。应劭在驳斥了传说的荒诞性时，也并没有弄清民间何以有此传说的混乱。

其实，更多的王乔或王子乔流传的不同版本亦多如此类，传说的混乱及史书传抄的讹误，形成了各类不同的版本。

另外一个王子乔的版本，则为柏人令王子乔，出现在东汉高诱为《淮南子·齐俗训》所作的注里。高诱把王乔、赤松子作为实有的人物，注有："王乔，蜀武阳人也，为柏人令，得道为仙。赤诵子，上谷人也，病疠入山，导引轻举。"与此相同的记载还有《史记索隐》。其错误来源，当是以上诸人误读《史记》所致，《史记·封禅书》中有"正伯侨"之名，"宋毋忌、正伯侨、充尚、羡门高、最后皆燕人。为方仙道，形解销化，依于鬼神之事"。《史记索隐》谓："乐产案：司马相如云，正伯乔，古仙人。顾氏案：裴秀《冀州记》云：缑山仙人庙者，昔有王乔，犍为武阳人，为柏人令。于此得仙，非王子乔也。"而在《山海经·海内经》之《大荒南经》中有："华山青水之东，有山名曰肇山。有人名曰柏高，柏高上下于此，至于天。"郭璞注："柏子高，仙者也。"

以上正伯乔、柏子高，或当是古人在传抄古书中的误笔。均因王子乔或王子高与正伯乔、柏子高字形相近而误。至于裴秀《冀州记》早为佚书，其所云王乔，意不连贯，毫无情节，实难成为一说。

第三个王乔的版本，出现在东汉蔡邕的《仙人王子乔碑》的记述中。此碑宋时已佚，但在《水经注》中录有此碑文字，其开头有："杜预曰：'梁国蒙县北，有薄伐城，城中有成汤冢，其西有箕子冢。'今城内有故冢方坟，疑即杜元凯所谓汤冢者也，而世谓之王子乔冢。冢侧有碑，题云：《仙人王子乔碑》。"并录其碑文：

王子乔者，盖上世之真人。闻其仙，不知兴何代也。博问道家，或言颍川，或言产蒙。初建斯城，则有斯丘。传承先民，曰王氏墓。暨于永和之元年，冬，十二月，当腊之夜，上有哭声，其音甚哀。附居者王伯怪之，明，则祭而察焉。时天洪雪，下无人径，有大鸟迹，在祭祀处，左右咸以为神。其后有人著大冠，绛单衣，杖竹立冢前，呼采樵孺子尹永昌曰："我王子乔也，勿得取吾墓上树也。"忽然不见。

时令泰山万熹，稽故老之言，感精瑞之应，乃造灵庙，以休厥神。于是好道之俦，自远方集，或弦琴以歌太一，或覃思以历丹丘。知至德之宅兆，实真人之祖先。延熹八年秋八月，皇帝遣使者奉牺牲致祀，祗惧之敬，肃如也。国相东莱王璋，字伯仪，以为神圣所兴，必有铭表，乃与长史边乾，遂树之玄石，纪颂遗烈。

东汉蔡邕在这里用"王子乔者，盖上世之真人。闻其仙，不知兴何代也"来记述，这只能说明，东汉时的王乔或谓王子乔，人们只知道是很早时候的仙人，但具体是何年何月如何成仙的，已经不能得其实。

其实，所有的仙人何年何月如何成仙，都不能得其实，因为这本身就是一个仙话，一个美丽的传说。所以，蔡邕所说的王子乔，也只能说仍是民间的一种神异传说而已。而蔡邕在录其碑文时亦说道："观其碑文，意似非远，既在迳见，不能不书尔。"且郦道元在《水经注》论及缑氏山时亦说道：

邓州南朝吹笙引凤彩色画像砖

“亦云仙者升焉，言王子晋控鹤斯阜，灵王望而不得近，举手谢而去其家。得遗屣，俗亦谓之为（抚父堆）覆釜堆。堆上有子晋祠，或言在九山，非此。世代已远，莫能辨之。刘向《列仙传》云，世有箫管之声焉。”这说明在北魏的郦道元时期，很多有关王子晋的事情亦已不可考。

对此碑文颇有研究的施蛰存说道：“恒帝延熹八年，迁中常侍祠老子者再，载在本纪，独无祀王子乔之语。此亦可以补史阙矣。”对于碑文中王璋立碑有祭祖之意，及针对后世三种王子乔的不同传说，施蛰存说道：“夫王子晋者，周王子之名晋者也，岂姓王名子晋乎？然此三人，皆神仙家附会之说，未必实有其人，亦不需辨别也。”

“王乔”仙话版本众多，今人许尚枢就提出还有“越人王乔”“天台山王子晋”。因宋《云笈七签》云“昔越人王子乔得仙”，并由此考证出“王乔”传说最初出于南方，且以屈原《远游》与元代的《历代真仙体道通鉴》的“王子乔传”为证，说“本来是越人的王子晋，在被中原的王子晋取代隐去八百年后，又回到了越地，仍然成为南方的神灵，进而成为天台山的主神”。此文把天台山作为王子晋的发祥地，并进而论述其传播路线，实在是本末倒置，以流为源。

其实在东汉末道教创立、魏晋南北朝仙道流行的时期，这样的仙人传记和传说，其愈往后，则形象愈丰满，神异愈灵怪，是一个普遍的现象。不能因此就说有完全不同的王子乔。

俯视缑山 郑泰森摄影

王子晋在中国道教中的地位和影响

旧题西汉刘向撰的《列仙传》云："王子乔者，周灵王太子晋也。好吹笙，作凤凰鸣。游伊洛之间，道士浮丘公接以上嵩高山。三十余年后，求之于山上，见桓良，曰：'告我家，七月七日待我于缑氏山巅。'至时，果乘白鹤驻山头。望之不得到，举手谢时人，数日而去。亦立祠于缑氏山下，及嵩山首焉。"可以说，这是《列仙传》中最具影响的一篇神仙传记，同时说明了王子乔即周太子晋。因《列仙传》影响很大，故王子乔的神仙形象，也以吹笙引凤、控鹤飞升这样的缥缈形象最具有代表性，影响着整个道教仙人群体的形象。

王子乔是两汉魏晋最有名的神仙。这当然是和丰富的民间传说有关，同时亦和大学问家刘向的美丽撰著相关。《古诗十九首》（生年不满百）有："仙人王子乔，难可与等期。"汉有《王子乔》咏叹曲，乐府古辞云："王子乔，参驾白鹿云中遨。"

所以在两汉魏晋时期，咏叹王子乔的诗文甚多，许多游仙体诗都有王子乔的影子。嵇康《游仙诗》有"王乔弃我去，乘云驾六龙"的诗句。晋陆云《登遐颂》中有《王子乔赞》："王乔渊嘿，遂志潜辉。遗形灵岳，顾景亡归。变彼有传，与尔翻飞。承云倏忽，飘飖紫微。"陆云所颂的第一位登遐者是"郊间人"，第二位即王子乔，其后有玄洛、孔仲尼、九疑仙人、大胜山上女，以上为上古三代升仙者。由此亦可看出王子乔在当时的地位和影响。

张道陵创立道教，正是以老子的《道德经》为理论依据，以王子晋升仙传说作为白日飞升的终极理想。此后，神仙虽众，但王子乔的地位不减。南朝道教领袖、茅山道祖师陶弘景撰写的《真灵位业图》，将神仙分为诸多等级（所谓"虽同号真人，真品乃有数；俱目仙人，仙亦有等级千亿"），其中王子晋乃是"二级神仙"，老聃（老子）乃至尹喜、黄帝、颛顼、帝喾、帝舜、夏禹等，则为"三级神仙"。

控鹤飞升的王子乔受到众多帝王的尊崇，历代文人学士亦极力赞咏。但其起源亦当有民间的广泛基础。

王子乔仙人传说最初当起源于嵩山一带，最早记载太子晋活动事迹的范围亦在河洛之间。秦始皇、汉武帝的求仙均和嵩山有关，特别是到了唐代的武则天时期，在缑氏山竖立升仙太子碑，更加确定了王子乔在神仙中的地位，也奠定了王子乔和嵩山道教的关系。

武则天在其撰书《升仙太子碑》中，十分明确地说王子乔即周灵王太子，并对其推崇有加，从碑文中亦可寻觅到王子晋何以成为历代求仙的帝王将相、文人学士的最爱：

升仙太子者，字子乔，周灵王之太子也。原夫补天益地之崇基，三分有二之洪业。神宗启胄，先承履帝之祥；圣考兴源，幼表灵髭之相。白鱼标于瑞典，赤雀降于祯符。屈叔誉于三穷，锡师旷以四马。谷洛之斗，严父申欲壅之规；而匡救之诚，仙储切犯颜之谏。播臣子之懿范，显图史之芳声。

升仙太子之碑

此碑为武则天封禅嵩山时所撰，碑额“升仙太子之碑”六字以飞白体书就，笔画丝丝露白。

而灵应难窥，冥徵罕测。紫云为盖，见嘉贶于张陵；白霓成质，遗神丹于崔子。凤笙汉响，恒居伊洛之间；鹤驾腾镳，俄陟神仙之路。嵩高岭上，虽藉浮邱之迎；缑氏峰前，终待桓良之告。傍稽素篆，仰叩元经，时将玉帝之游，乍洽琳宫之宴。仙冠岌岌，表嘉称于芙蓉；右弼巍巍，效灵官于桐柏。九丹可挹，仍标延寿之诚；千载方传，尚纪仙人之祀。辞青宫而归九府，弃苍震而慕重元。无劳羽翼之功，坐致云霄之赏。虽黄庭众圣，未接于末尘；紫洞群灵，岂骖于后乘。斯乃腾芳万古，擅美千龄，岂与夫松子陶公，同年而语者也。

此碑乃武则天撰书，有极高的史料及书法价值，碑文历述太子晋、王子乔的主要事迹，将有关其传说集中于一文，但仍有“灵应难窥，冥徵罕测”之叹，并推崇之为“腾芳万古，擅美千龄，岂与夫松子陶公，同年而语者也”。

正因唐代武则天等帝王的推崇，王子乔在唐代成为家喻户晓的人物。武则天甚至在宫廷设控鹤监这样的机构，以近幸张易之、张昌宗等领之。近年在陕西发掘的节愍太子墓中，有壁画仙人御鹤图，中国人民大学的王静认为：“经反复甄辨，我们认为节愍太子墓中的仙人御鹤图可暂称为《王子晋（又称王子乔）升仙图》。”由此可见，唐代王子晋形象出现在各类场合，影响所及，众多的文人骚客不惜笔墨吟咏王子晋，如李白、杜甫等多有吟咏王子乔的诗篇。唐代对王子晋的推崇影响所及，甚至影响到日本。唐贞元二十年（804年），日本和尚最澄入天台山求法，回国后在日本京都比睿山创“天台神道”（即天台宗），王子晋为奉神之一。

追求长生久视的众多帝王及随意封仙的道教，对王子晋不断地追加封号。南朝陶弘景撰《真诰》所列二十三位神仙中，第五位便是“桐柏真人右弼王领五岳司侍帝晨”王子乔。唐代道士徐灵府所著《天台山记》有“以仙官授任为桐柏真君右弼王，领五岳司”的记载。五代时王子晋被封为“元弼真君”，宋徽宗政和三年（1113年）又被封为“元应真人”，宋高宗绍兴年间（1131—1162年）加号“善利广济真人”。其封号和名称不可谓不隆也。

王子乔控鹤飞升，成为中国白鹤信仰或曰鹤神崇拜的始祖。《相鹤经》云：鹤者“阳鸟也，而游于阴”，“盖羽族之宗长，仙人之骐骥也”，“寿不可量”。《淮南子》注：“鹤寿千岁，以极游。”于茂世在撰述《缑山仙踪——“吾爱王子晋”》中就说道：“张道陵曾在中岳嵩山中峰之下的石室‘承天谷’修道9年。‘承天谷’与子晋修道之所‘白鹤观’同在中岳嵩山中峰之下，王子晋鹤游嵩山，张道陵四川鹤鸣山创教，当不只是一种历史巧合。”其实在道教的传承及升仙的追求中，很多时候不仅仅是历史的传承，更多的或许就是一种巧合。白鹤观、栖鹤涧、鹤鸣观等此类仙道名称可说是遍布祖国名山，除著名的嵩山、桐柏山、鸡鸣山、天台山外，其他实在不可遍数。浙江天台山的许尚枢先生就曾有专文论述王子晋和中国白鹤大帝的信仰。在洛阳西汉壁画墓《卜千秋升仙图》中，把王子乔绘作人首鹤身，这或许是王子乔最早的形象。

王子乔吹笙，引领了道教音乐的发展。道教追求的升仙不老，当然是虚无缥缈的，这很需要音乐的营造氛围。故在道教创立之初，音乐就有重要的作用。而其中笙的作用尤其重要。笙是古老的簧管民族乐器，是古代八音乐器之一。殷代甲骨文中就有关于“和”的记载，古时大笙称“竽”，小笙称“和”。至今流行于华夏众多民族中的吹笙就是明证。特别是在超度亡灵之时多用笙乐，或许亦可追溯到王子晋吹笙吧。

王子晋控鹤吹笙引凤的形象，对道教的影响是多方面的，除很多道教修炼方法托名其人外，还影响了道教的服饰器具等。道教产生之初，道衣曾以氅（鹙鸟羽毛）拈绒，然后编织而成，称鹤氅。其制法早见于汉武帝时方士栾大穿着的羽衣，无袖披用，展如鸟翼，取神仙飞升之意。“鹤氅”二字，晋已有之，《晋书·谢万传》云：“著白纶巾，鹤氅裘。”《世说新语·企羡十六》：“孟昶未达时，家在京口，尝见王恭乘高舆，被鹤氅裘。于时微雪，昶于篱间窥之，叹曰：‘此真神仙中人。’”南朝宋代陆修静定道服有披、褐两种。褐即今所说的道袍。《新五代史·唐臣传·卢程》有：“程戴华阳巾，衣鹤氅，据几决事。”说明此种衣服的形制已经扩展到官宦阶层。

诗人的丝路

撰文 洪烛（北京）

诗人的历史观

假如荷马成为成吉思汗的随军诗人，沿着丝绸之路远征，骑马，而不是乘船，一定会写出第三部史诗。假如我参加特洛伊争夺战，没准、没准会成为荷马。可惜我错过阿伽门农，又未赶上成吉思汗，只能在和平年代做个落伍的小诗人。我其实不想做自己，我总想做别人，譬如荷马那样的，把琴弦当作弓弦拉开，射出密集的诗句……古希腊的战船已焚毁，蒙古的马队也迷失了，陪伴我的只有烟灰缸里升起的一缕硝烟。当诗人再也无法跟英雄攀上亲戚，历史就和诗脱离了关系。我真傻啊，觉得历史就该是罗曼史："成吉思汗一路向西，编造了一千条理由，私心里是为了抢夺金发碧眼的海伦。虽然他并不知道海伦是谁，以及谁是荷马……"在诗人眼里：为美女打起来，才算得上圣战。成吉思汗的远征军有僧侣、道士、技术员、农民工、厨师，偏偏忘了带一位诗人！这构成最大的损失：征服再多的城池有什么用？如果没有得到一部史诗……

想起凉州词

火车硬卧是最好的行军床。

闭着眼睛，听一位不知芳龄几何的女人报站。从兰州出发，上半夜过了武威，下半夜过了张掖，接着该到酒泉了，离敦煌越来越近！

多么希望女列车员报出旧时的地名——武威叫凉州，张掖叫甘州，酒泉叫肃州，敦煌叫沙州……我也可以改名，叫岑参，或王之涣。

前面有一场更大的战争在等着吗？

躺在行军床上，紧闭双眼，我像一个被葡萄美酒灌醉了的伤病员。

说实话，在进站口检票的时候，我的心里就留下第一处伤口，一路上都在隐隐作痛……

莫高窟说明书

莫高窟快变成一排排门面房，哪来这么多顾客，手持门票进去参观？只能看，不许摸，更不准照相，怕壁画里的人物生气吗？嘿，有本事就冲我眨眨眼吧！看傻了一般，我自己也快忘掉怎么眨眼了。还有些洞窟长期锁着，只能从门缝瞅一瞅……照相机和挎包要小件寄存，带一双眼睛就足够，什么都是多余的，并非墙上的佛像学会发光，是我的眼睛逐渐习惯黑暗。

假如我是但丁，高举手电筒的导游就是维吉尔，召唤我写一部东方的《神曲》。反弹琵琶的飞天，是我的贝亚特丽齐（但丁的初恋情人）。千佛洞恐怕算全世界最值钱的房地产，不光地面，连墙壁都需要按平米来标价，注定是天价，比尔·盖茨都不一定买得起。

莫高窟

飞天：最慢的雪花

风最初从裙子里掀起，那是黑夜的深处。裙裾撑开，像一具穿越大气层的降落伞，减缓了她醒来的速度。灵魂比落花还轻、还要失意。她忘掉自己的肉体了，乃至性别。

“一千年够不够，在我的肩头靠岸？”（我能活那么久吗？如果有耐心……）在那一瞬间，来历不明的外星女人，也会怕冷似的打一个哆嗦。一片飞得最慢的雪花，落地之后，融化成一滴泪。

得到她或许比错过她还要令人失望，她天生就不属于任何人，包括她自己。再没有哪位人间的裁缝，能为她定做一套换洗的衣裳。

飞天

月牙泉的婚姻

月牙泉从来就没有圆过，它比天上的月亮要悲哀。旅游部门拿栏杆把它围了起来，怕它的边缘再留下人的牙印儿？沙漠已把它蚕食得好苦……

鳏夫的模样，偏偏娶到这样一位新娘，鸣沙山，够有本事的！看来你确实比别处的沙漠会说一些情话。水跟女人一样，喜欢听甜言蜜语，渐渐忘掉挑剔说话人的长相。听着听着，月牙泉咧开嘴笑呢！你觉得它命苦，可它心里没准正甜着。

嫁鸡随鸡，嫁狗随狗，嫁给一座会说话的沙漠，比嫁给沉默寡言的后羿还强一点呢。瞧，这么多年了，月牙泉从未像嫦娥那样想过私奔。

月牙泉

玉门关

玉 门 关

我等待的那个人，走出玉门关很久了。

在高大的城楼下面，有过简单的送别仪式。我送他一枝新摘的杨柳，他回赠一根羌笛。

今夜，我试着吹笛子。好笨哟，怎么也学不会。可毕竟从干裂的嘴唇，吹出了最微弱的春风。把落在笛孔周围的雪花都吹化了，把城门都吹开了，你还是没有回来……

在西夏的版图上

西夏的版图破碎了，割裂了。被周围的几个省份吞并。

西夏的子民流散了，隐姓埋名，逃荒要饭，开垦着新的栖息地……

只有贺兰山下孤零零的王陵，停留于原地，像失去约束力的保护神。

西夏的英雄都已死去，活着的，是一些忘记了祖先与故乡的庸人。弓箭锈蚀，伤口愈合，语言失传……

难道西夏就这么完蛋了吗？不，我来了，在滴血的残阳下，左手呼唤一匹马，右手呼唤一把刀，愿意做西夏的最后一名士兵。

如果没有其他人来帮助我，那么这荒原这界碑这废墟，全属于我的。

我要在上面刻写自己的名字：“洪烛，最后一个西夏人。一个诗人……”

在西夏的版图上，我同时说几个省的方言，可以跟你们每个人做生意："读我的诗吧，它是最好的纪念品……"

还有谁像我这么有勇气：承认自己有一个失败了的祖国，有一个战死的父亲!

我抚摸一束流泪的矢车菊，那是从版图的断裂处开出的野花。我跟它一样，都是在耻辱中长大的。

牛皮地图

一张晒干的牛皮，描绘着西夏的地图，使用的颜料有一股血腥味。

就像大地的一块补丁，被雨点、被细密的针线缝纫，又被重新撕开。

消失了的祖国，浓缩在皱裂的牛背，还是那么完整。我多想摸一摸呀!

同样消失了的牛，驮着沉重包袱，一路狂奔，扬起漫天烟尘。

应该说画在牛背的版图仍然很清晰，只是它弄丢了自己的国王。

我指指点点，仿佛准备用手指抄一条近路，在日落之前，抵达那有虫蛀痕迹的都城。

西夏王陵

一个国王最后的领地，也不过就一座公园那么大。

它甚至不属于他，属于活着的人们，卖出的门票没有一分钱归他自己。

它还会继续缩小，比一座坟墓大不了多少，比一张床大不了多少……

他在入睡后才明白了一些事情，天知道，要那么大的版图有什么用?浪费了太多的血，还有眼泪!

秋风吹过，国王的脚趾动了一下，而身体的其余部分，都已被时光一点点收回。

西夏王陵

解构贺兰山

岳飞来过贺兰山吗?我不知道。我只知道，至少他是想来的，有《满江红》为证："驾长车，踏破贺兰山缺……"

在灵武市，黄河拐弯的地方，我仿佛见到岳飞了。

他戴一副大墨镜，开一辆装满煤炭的东风牌载重卡车，像驾驭中世纪的坦克，喷云吐雾，一路北上……

这位从内地来搞长途贩运的大货司机，三十岁左右，正处于岳飞刚当上将军的年龄。

他停下了，用古老的河南口音，向站在路边烤羊肉的白胡子老大爷，打听加油站……

贺兰山

向成吉思汗致敬

为了向成吉思汗致敬，我不说自己从北京来到新疆，我是从元大都来到西域。

在荒废的丝绸之路上，开始一个人的西征。什么时候才能赶上那消失了的大部队?

正如诗人喜欢把西安叫作长安，我把北京叫作元大都，使自己更像征服者!

西域，同样是新疆的乳名，成吉思汗当年就这么称呼它的……

最后一个匈奴

戈壁滩上只剩下最后一个匈奴，他是一部小说寂寞的男主人公。

他在废弃的丝绸之路寻找当年的对手，同时风尘仆仆寻找今天的读者——冷兵器的时代，只有血是热的。

步行的匈奴，蓬头垢面的象形文字，手提鞭子，沿途呼唤出走的汗血马和被劫掠的金缕玉衣。

他以索取的姿态向大漠孤烟伸展双臂——我的楼兰呢? 我的葡萄美酒夜光杯呢? 我的胡笳、羌笛和杨柳呢? 我的秦时明月汉时关呢?

最后一个匈奴，姓氏不详，手无寸铁，腰间射雕的箭囊空空。他隐蔽在线装书的角落，冷血变热，热血又变冷，浑身都是时间的创伤。

这是一枚会呼吸的化石，他的疼痛就是世界的疼痛。

最后一位行吟诗人，最后一位影子武士，最后一个古典主义的囚徒，以血肉之躯向钢筋水泥的城市发动最后一次冲锋。不是他被城市的温柔同化，就是城市被他的勇气征服。

那一夜，残损的长城，破产的古边塞诗，又犯了牙疼的老毛病。关于最后的匈奴卷土重来的谣言，是卡住和平主义者喉咙的一根鱼刺，打开了纸醉金迷的王朝的缺口。

他并不是文明的敌人，但怀揣的火种，确实在嘲笑我们贵族的血统。

当最后一个匈奴寻找世界的时候，世界也在寻找着他，寻找记忆中的强者。他的存在就是最后的胜利，这是英雄主义硕果仅存的标本——他祭奠历史的第一滴血，构成我们苍白的世俗生活的最后一课！

在轮台欣赏维吾尔少女跳胡旋舞

她用手鼓借来龟兹古乐，用胳膊借来动作，用腿脚借来节拍，用裸露的腰肢借来光和热，用酒借来醉，用呼吸借来风，把薄若蝉翼的霓裳吹拂到半空。

连她的笑容都是借来的：同样的笑容，曾迷倒几位唐朝的边塞诗人。今天，又迷倒了我……

她说她是轮台县歌舞团的演员，名叫麦迪娜，刚刚学会跳胡旋舞，从服装到道具，都是从古代借来的："一千年前的舞蹈，跳了这么久，仍然只有十八岁。"

看着看着，我觉得自己，像李白一样老了："是的，我似乎在长安城里见过你！当时，你来自西域三十六国……"

死火：克孜尔尕哈烽燧

克孜尔尕哈烽燧

最后一拨哨兵老去了，然而换防的人再也没有来。

从敦煌到库车，长城名存实亡。只剩下孤单的烽火台，作为其延续……

凭着汉武帝的后裔的身份，我路过这里，不是来打仗的，是来放羊的。

那团古代的火熄灭之后，灰烬还在。

可否这么理解：克孜尔尕哈烽燧残存的几截木炭，颜色漆黑，已成为火的化石，或者说是火的木乃伊？

艾德莱斯绸

在丝绸之路的岔路口，我抚摸着一块艾德莱斯绸。

比风还柔软，在指缝间飘拂；比异族少女的皮肤还光滑，让人想入非非。

我怀疑自己伸出的，是另一个人的手，丝绸的敏感，使它显得僵硬，像是一具关于手的雕塑。

丝绸流动，以时光的速度，甚至还要快一些！

今夜，我站在岸上，很安全，可我的手，是不能自拔的溺水者。

在喀什听维吾尔女诗人朗诵

楼兰古城

你是生活在当代的公主，虽然你的父亲并不是国王，他经营着郊外的葡萄园。

作为叶尔羌汗的后裔，容貌的古典美，是你血液里继承的遗产，哪怕你同样热爱时装。

诗从来不是舶来品，而是身体的回响。听你朗诵时知道我怎么想吗？我在假设：香妃也一定会写诗的，不见得比乾隆爷逊色……

没学过维吾尔语，可我一下子就听懂了："曾有人死在姑娘的两条辫子上，也可能死在默合麦德写的两行文字中间。"看来诗并非语言的艺术，更是心灵感应。

在你的宗教里，没有专门的诗神，又有什么关系？你注定是诗人中最美的。

作为告别的礼物：你送我一本《古兰经》，我回赠一本《诗经》——你恐怕还不知道吧，在诗经的故乡，哥们也算一个拥有继承权的王子……

西 游 记

没有旅行社的年代，你开始一次著名的自助旅行。

一匹白马成为最原始的交通工具，代替了你的下半身，"用整个身体进行形而上的思考吧"，你在马背念经。把挑夫、伙夫、马夫全收为徒弟，鼓励他们坚持下去，其实是在鼓励自己："这是去为神搬家，驼队驮回的经卷，都是神的家具……"

你是丝绸之路上走过的第一个不会做生意的人，在西域三十六国受到热烈欢迎。唐僧，你沾到了所从属的那个王朝的光，而你的团队也构成它最小的支流，滋润沙漠、戈壁、火焰山……（作为诗人，我也沾到唐朝的光，在你取经的路上，我继续寻诗。）

天竺国是你走得最远的一门亲戚，那里有你信奉的神的故乡。（我则备感迷惘：我的诗神住在哪里？）该回头了，长安城里，一群大雁，远远召唤你。它们已凭借想象，在一座尚未建造的高塔，预先分配到各自的福利房，快要等不及了！

回 鹘

为了不再用马蹄耕耘，他们把刀剑铸成了犁，又用犁把土地翻了个遍。他们往大地的伤口里种下星星，不同类型的星星经历陨落与掩埋之后，长出小麦、棉花、葡萄，还有叫着不同名字的孩子的眼睛。从下一代开始，真正成为有根的民族。遥远的马背变成群山，记载着搬家的历史。闪电掠过，唤起他们对马鞭的回忆。想不到自己在梦境中，走了那么远的路——从鄂尔浑河到塔里木河，中间有沙漠、雪山、戈壁，跑丢了多少马匹……从此在自己命名的故乡，创造语言也创造神秘的血统，成为星星的后裔。

盖孜驿站

留宿过商旅、戍卒、僧侣的石头房子，只剩下残破的墙基。你把梦敞开，等谁敲门？我完全可以把自己当作古人，找不到一块拴马的木桩，只好继续握紧缰绳……盖孜驿站因为一条河而得名，已废弃好几百年了。被打着滚的河水拦住了路，我抬头仰望，不禁想问——今夜，月亮里是否可以住人？

李白的遗孀

想起李白的诗："明月出天山……"透过车窗，我看见唐朝的月亮再一次从积雪的天山升起，跟刚刚出嫁似的。写诗的人在哪儿？又多喝了几杯？只留下一轮冰镇的月亮，泡在酒里，泡在夜色里，反射出清凉的光。还是那张脸，怎么一点不显老呢？即使杨贵妃，也不可能比它更美呀！我将其视为李白的遗孀……哦，诗人，你其实比皇帝更有艳福，他有三千粉黛，可你——娶的是月亮！

在新疆旅行，李白的这句诗，是我最爱嚼的口香糖。

丝绸之路

丝绸之路的源头，不是城镇、寺庙、集贸市场，而是一只蚕。它的体形那么小，生命那么短暂，然而它吐出第一根丝，构成最初的路线。它的祖国是一片桑叶，边缘已被咬啮成锯齿的形状。

丝绸之路上的驼队

中州伽蓝记：行参中原最早的佛音

撰文　贾国勇（郑州）

汉摄摩腾尊者

汉竺法兰尊者

东汉明帝梦见神人，飞在殿前。他询问群臣，傅毅回答：天竺国有得道者，号曰佛，正如您所梦见者。于是汉明帝遣使出使西域，在大月氏（今阿富汗至中亚一带）遇见摄摩腾、竺法兰两位印度高僧，写得佛经四十二章。当时在洛阳城西雍门外修建佛寺，又于南宫清凉台、开阳门、显节陵上做佛像，“学者由此而滋”。这便是中国丝绸之路上第一次“西天取经”，所修佛寺就是中国第一古刹白马寺。两位高僧在洛阳翻译佛经，同被尊为中国佛教鼻祖，皆卒葬于洛阳。

洛阳白马寺：白马驮经事非空

春天的白马寺叶绿花红，不知名的飞虫儿翩翩起舞，还有那姹紫嫣红的牡丹园更是热闹非凡，红男绿女你来我往，穿梭于喧嚣的红尘和肃穆的木鱼声中，在名为“释源”“祖庭”的白马寺前熙熙攘攘。

在白马寺的大雄宝殿前，我停下了脚步，虔诚地拈上一炷香，点燃，袅袅升起的香烟中，我的灵魂随着印度高僧摄摩腾、竺法兰的脚步走进了白马寺。

距今近两千年的东汉永平七年（64年），受汉明帝所遣，大臣蔡愔、秦景等十余人告别帝都，踏上了“西天取经”的万里征途。当他们来到今天阿富汗一带的大月氏国时，遇到了来自印度的两位高僧摄摩腾、竺法兰，见到了他们携带的佛经和释迦牟尼佛白毡像，就诚恳地邀请两位高僧到中国弘扬佛法。永平十年（67年），两位高僧和东汉王朝的使臣一齐回到了东汉的都城洛阳，同时带来了白马驮载的佛经和佛像。第二年，汉明帝敕令建设白马寺，纪念白马驮来的佛法落土中原。

翻开历史，我们发现汉明帝刘庄时期正延续着“光武中兴”的恩泽，王莽的虐政已被除，吏治清明，境内安定，“民安其业，户口滋殖”。朝廷多次招抚流民，赐田于穷苦的百姓，让他们自种自给，并大修水利，以利民生。从汉明帝至汉章帝时期，中国出现了繁荣的盛世，被史学家称为“明章之治”。也就是在这样的背景下，汉明帝开始昌盛佛教，用以教化民众，才有了佛教在中国的传承之旅。

可以想象，为了在中原传承佛法，摄摩腾、竺法兰是怎样忍饥挨饿地穿过茫茫的大漠，是怎样艰难困苦地越过森森的秦岭山脉，又是怎样地历经磨难才一步步走到了东汉的都城洛阳……如果没有坚定的弘扬佛法的信念，千里迢迢，怎么能做到佛书历经雨水不湿？又是怎样才能做到驮经的白马不疲？

年轻的时候，因为恋爱失败，我从老家淮阳出发来到白马寺，在破败的寺门前摆地摊算卦看相，用以糊口谋生，发誓再也不回红尘之中，从此做一个江湖浪客。也就是那个时候，在白马寺村那个“幸福旅社”内，我因缘殊胜结识僧宝，并得以聆听佛法的奥秘。

尽管日月轮转，三十年过去，那情景却记得清清楚楚，我和那个银须飘飘的老者同住在幸福旅社的一间客房内。白天，早早地我会去寺前“占位”，开始一天的江湖生涯，而老者也日复一日地从我卦摊前走过，走进白马寺那扇破败的大门；当我晚上收拾卜卦工具从外面回到幸福旅社的客房时，银须老者已经开始了晚课的打坐。时间久了，我了解到银须老者原是白马寺内修行的僧人，是世道的变幻和逼迫才无奈地离开了寺院。当国家兴盛佛法的政策如甘雨一样普降中原的时候，银须老者再次来到白马寺，等待着禅门大开，迎接佛门游子的回归。

那一夜，风雨交加，雨水浇灌下来时发出了轰轰隆隆的响声，听声音可以感觉到雨水正顺着房檐如瀑布般流下来，整个幸福旅社院子里汪洋一片。老板娘趿着拖鞋走到院子里往院子外排水，边排水边咒骂着叫苦着，满嘴的埋怨。由于雷电，幸福旅社里断了电，我和银须老者摸黑儿坐在客房中，倾听着彼此的呼吸声，互相讲述着自己的故事。也就是在这一天，我听到了银须老者的故事，知道他马上就要走进白马寺了，就把自己的故事告诉了银须老者，说我已经厌倦了这红尘俗世，希望银须老者能带我进白马寺，做一个伴守清灯、修身养性的僧人。

听了我的述说，银须老者哈哈笑了起来，说非常难得，我是个有佛缘的人。但是，缘分不到，还是无缘入白马寺。他告诉我说，如今修行讲入世法，修行的最高境界是守孝，而父母，则是一个人人生中的大菩萨。孝敬父母，则是成佛的第一步。不然，任你敲破木鱼，坐烂蒲团，也是与佛无缘。

那个以写《枫桥夜泊》而出名的张继，在唐玄宗李隆基天宝十二载（753年）进士及第。在去长安参加朝廷举办的会考之前，张继来到了洛阳白马寺参禅拜佛，没想到眼前的一切却让他非常失望，就写下了《宿白马寺》一诗：

白马驮经事已空，
断碑残刹见遗踪。

白马寺
洛阳白马寺是佛教传入中国后兴建的第一座寺院。自白马寺始，我国僧院便泛称为寺，白马寺也因此被公认为我国佛教的发源地。

萧萧茅屋秋风起，
一夜雨声羁思浓。

那天晚上，我坐在客舍之中，翻阅老者从白马寺带回来的一个小册子，从上面读到了张继的这首诗。许多年过去了，当时的场景我记得还非常清楚：客舍非常狭窄，仅仅能铺下两张床，很难再找到可以转身的地方。老者已经睡去，发出了沉沉的鼾声，我却因为老者的故事久久不能入睡。有雨水在轻轻地敲打着窗棂，发出了“沙沙沙”的声响，偶尔有老板娘趿鞋蹚水去开店门的声音传来，却是那样的混浊和零乱。当时我想，那个时候的张继或许如我一样正处在沉沦之中不能自拔，本想着到白马寺一番参禅拜佛能有所解脱，没想到眼前的寺院却是残垣断壁，不仅是佛像蒙尘，连一个敲钟的和尚也没有见到。

不知道张继当时住在什么地方，是不是和我比邻而居？那个夜晚，他一定非常痛苦，“茅屋”“秋风”“思浓”，在这首《宿白马寺》诗中，张继用这三个词写出了诗人的忧愁以及对前途的担忧，无论是哪一样，都是俗人难以解除的烦恼；而我身居白马寺时却非常幸运，在这秋雨之夜，有一个同居室的老者为我加持智慧，为我讲解佛家的道理，让我从烦恼与困惑中解脱出来。

也就是那个风雨之夜，银须老者的话让我如醍醐灌顶，知道如此地逃避现实是一种消极的表现，作为人子，应该承担起责任来。第二天，我就收拾行囊离开了洛阳，回到了家乡淮阳。我已经明白，因为一场失败的恋爱就走入江湖，远离亲人，不愿再承担为人儿女的责任，是一种懦弱的表现。

今天，我再一次来到白马寺的山门前，往昔破败的山门已经修缮一新，被装点得金碧辉煌；门前的那两匹白马依旧默然耸立，岁月之刀并没有在它们身上留下丁点儿的痕迹，曾经斑驳的皮肤被游人们触摸得更加光滑。三十年后，我携带妻子儿女来到白马寺，站在这山门前，想起当年和银须老者的约定，才明白，三十年后的我们都是失约人，怎么可能再相见？

就这样，怀着郁郁寡欢的心情，在白马寺的大门前礼佛再三。恍惚之间，我看到了印度高僧摄摩腾、竺法兰走进了白马寺，还看到了那个银须老者在向我召唤。

我走进了白马寺，走出了喧嚣的红尘俗世。放眼望去，已经物是人非，境界幻化。如果说昔日的白马寺“长林古木，肃然幽静”，今日的白马寺则是香火旺盛、游人如织；如果说昔日的白马寺“宝塔高耸，殿阁峥嵘”，今日的白马寺则是金碧辉煌、巍峨俨然。我想，那一年，破败的山门或许能成就僧宝的定慧，今日的繁荣则会让白马寺声名远扬。

在一处茂密的柏树林中，我看到了著名的“二僧墓”。这两座墓的主人就是东汉使臣从西域请来的印度高僧摄摩腾和竺法兰。多少年过去了，当初的他们绝对不会想到，就是因为他们的一念弘法，才有了佛教在中国的传承和发展，使这个外来的宗教在中国生生不息，教化万民。

站在二僧墓前，回转头来看自己人生的历程时，却发现无时无刻不在追求着、奋斗着，身心交瘁却一无所成，在漫漫的红尘中虚度着光阴；眼前的摄摩腾、竺法兰或许并没有我等的“志向”，只是一味孜孜不倦地弘扬着佛法，没有更多的诉求。当他们带着佛教来到东土这块插根筷子也能发芽的宝地后，则成就了一个伟大的使命。

这个时候，脚步声在我的身后响起，是那样的慈祥，那样的稳重。

不用转身，我已经感觉到，是那位银须老者……

登封大法王寺：深山古寺如来音

“山谷旷野，其中多有迦陵频伽，出妙音声。如是美音，若天若人紧那罗等，无能及者，唯除如来音声。”在中岳嵩山，有一只北魏《正法念经》里描述的美丽的迦陵频伽鸟，吟唱着禅家雅声，传颂着佛法智慧，穿越近两千年，此梵国妙音依然袅袅不绝，氤氲了中岳嵩山的一座座山峰、一道道山梁。

这只迦陵频伽鸟，就栖息在中岳嵩山南麓的玉柱峰，栖息在嵩山大法王寺。

这段传奇的故事，开始于汉明帝刘庄永平十一年（68年）的春天。这一年的春天如同每年的一样，嵩山南麓的玉柱峰同样是郁郁葱葱、鲜花灿烂，如同披上了节日的盛装。群鸟随凤凰飞来，围绕着玉柱峰翱翔于蓝天之上；众兽追麒麟而至，在嵩山脚下的草地上跃跃起舞。有人说盛世降瑞兆，嵩山玉柱峰在永平十一年的如此盛景则是为了迎接远方而来的圣人——印度高僧摄摩腾和竺法兰。

随汉明帝刘庄派出的使者来到中国的摄摩腾和竺法兰两位高僧暂住在“外交部”鸿胪寺，主持翻译从印度带来的佛经。闲暇之余，两位高僧经常到洛阳周边地区游山玩水，引起了大家的不解：两位高僧应该以译经为己任，怎么做起了游山玩水的事情？其实，摄摩腾和竺法兰两位高僧并非游山玩水，而是为了佛教在中国的发展谋大局。在他们来到中国的第二年——永平十一年的春天，两位高僧来到了嵩山南麓，立即被眼前一块背靠会仙峰、东依玉柱峰、西有卧龙岭的风水宝地所吸引。回到洛阳之后，他们以鸿胪寺居红尘俗世难以清静、不能安心译经为由，上奏汉明帝刘庄，在嵩山玉柱峰下修建了大法王寺翻译佛经。

我还没有走近大法王寺，便有连绵不绝、巍峨雄壮的群山扑面而来，让人顿时有耳目一新的感受，那种心旷神怡，那种畅快淋漓，非是一句话所能述说的。只能一头扎进这群山之中，感受山的温柔和安宁、静寂和深沉。史书没有记载当年摄摩腾和竺法兰两位高僧第一次走进嵩山时的感受，但是，在我紧紧跟随高僧脚步印证佛法朝拜嵩山的过程中，我似乎感受到了两位高僧的惊叹和赞佩。如若不然，两位高僧怎么会愿意把翻译佛经的场所从闹市洛阳迁至嵩山深处？又怎么会离开皇家御所鸿胪寺来到大法王寺？

“佛传华夏第一寺，释门颁法无二家”，这副对联镌刻在一座三层四柱的牌坊前，牌坊的匾额是“神州第一圣地”，由著名书法家刘丙森先生题写。说的正是嵩山第一家佛法圣地大法王寺的历史渊源。站在这座牌坊前远眺群山，但见高山流水，峡谷回响。再看大法王寺，满目苍翠中，绿树掩禅关，钟声行悠然……

大法王寺自永平十一年的春天开始建设，到永平十四年（71年）完成，历时三个年头。其开刹建寺的历史比洛阳的白马寺晚三年，比嵩山脚下另一座佛教丛林道场少林寺早424年，是摄摩腾和竺法兰两位高僧到中国后建设得最早的几座寺院之一。当时，因为释迦牟尼佛祖在菩提树下开悟成佛，种植菩提树成为了佛教丛林道场的仪轨。因为中国没有菩提树，两位高僧驻锡大法王寺之后各自种植了一棵银杏树，以示是菩提道场。如今，这两棵银杏树已经成为大法王寺的镇寺之宝。青石板做成的围栏把银杏树紧紧地围在其中，上

风雪大法王寺　谈正言摄影
大法王寺依山而建，从低到高七进院落，幽静古朴，风景宜人，登封八大景之一“嵩门待月”就出自这里。

面雕刻着精美的佛家故事，或祥云舞女或飞龙在田，皆是吉祥之意。两棵银杏树边各自立着一块黄铜的铭牌，上面分别写着“摄摩腾手植树”和“竺法兰手植树”。每到秋季收获时，这两棵银杏树总是枝繁叶茂、硕果累累。据树前的铭文介绍，这两棵银杏树有着无上的功德，即“千年古树会念经”：概因为由摄摩腾和竺法兰两位高僧种植，加之早听佛法晚闻梵鼓有了灵性，子夜时分总会发出梆梆的木鱼声，以及如僧人诵经的喃喃声。

如今，我就站在大法王寺大雄宝殿前，在两棵银杏树前焚香礼佛。春风吹过嵩山山坳，吹绿了草木生命萌发，漫山遍野处处是生机盎然的景象。千年的银杏树毫不示弱，褐色铜质般的树干布满了岁月的皱纹，苍劲雄壮；新绿的银杏叶如翡翠般透亮，晶莹剔透，含着一汪汪的水，如通往佛国净土的令牌，摘一片儿放在衣袋内，一时间便有了充溢的自在。有信徒给银杏树挂上了祈福的红布条，如给银杏树穿上了节日的盛装，更给这沉寂于山中的禅家丛林道场增添了红火的生机。

正是黄昏时分，众僧走进大雄宝殿开始了每天例行的晚课。那击打木鱼的梆梆声、虔诚诵经的喃喃声便从大雄宝殿内飘逸出来，和着这银杏树以及银杏树上红火的祈福心愿，共同谱写了一曲唯大法王寺才有的生命梵呗。在唱颂净土的同时，更能安抚红尘俗世中的每一个疲惫的灵魂，无论是多么消极、多么悲观，这声声的梵呗是激昂的曲子，让人们抛弃杂念，生奋发之心暨普度众生之愿。

如同往日一样，晚课开始之前，百鸟云集，众鸟飞了过来，落到了大雄宝殿前的两棵银杏树上。刚刚落下的时候，鸟儿们还如同农贸市场内排队购物的女人，在树上枝头跳来跳去，叽叽喳喳地叫个不停。待大雄宝殿内一声声梵呗响起，僧人们开始诵唱《大佛顶首楞严神咒》时，那鸟儿们也安静下来，如听经听得如痴如醉，再也没有争吵和喧哗；如佛前听法的弟子，个个乖顺沉静；如千年的修行入定，视若红尘无物。

一声云板响起，本该飞鸟四散，再无这宁静的世界，大法王寺内却有神奇的一幕，那些银杏树上的鸟一个个并不惊觉，依然沉醉于听法。有一只着七彩斑斓衣的鸟从树上跳了下来，开始在大雄宝殿前翩翩起舞，如仙境的精灵。恍惚之间，眼前的这只鸟幻化成了那只从西天净土飞来的迦陵频伽神鸟。不，这个时候，这只鸟变成了佛祖，而树上众鸟则是一尊尊佛前听法的罗汉。

确实如斯，当大法王寺大雄宝殿内开始晚课的时候，银杏树上则是另一个佛家道场，这只迦陵频伽神鸟不正是说法的佛祖吗？

印证迦陵频伽神鸟落枝于大法王寺的时间，是在大法王寺中兴的 2000 年 5 月。当人们打开大法王寺二号佛塔的地宫时，不仅从里面发现了各种各样的佛家法物、千年坐化的高僧包骨像，还发现了一只黄色的玉石盒。不，应该说是白色玉石盒。常言说，千年的白玉变“秋葵”，这只白色的玉盒历经千年的沧桑，已经由白色变成了秋葵的黄色，浑身上下都散发着岁月的风尘。盒首端雕有一位美丽的少女，挽起了高高的发髻，宛若手持一只玉箫准备吹奏，下身则是鸟的形状，两只翅膀已经振起，两只锋利的脚爪蹬住了地面，似乎在做起飞前的努力。这只玉石盒名叫迦陵频伽盒，人首鸟身的图像即是迦陵频伽鸟。迦陵频伽鸟梵语为“Kalavinka”，最早出现在佛国印度，如同红尘俗世中的凤凰，是佛国净土中的百鸟之王，因其鸣叫的声音美妙动听，在众多的佛经记载中都称之为“美音鸟”“妙音鸟”。佛教文化赋予了迦陵频伽鸟超人的意志和非凡的神力，以其妙音殊胜来譬喻诸佛菩萨的传法以及无上的功德和智慧。宋代诗人杨万里在《寒食雨中呈陆务观》诗中曾有“忽有仙禽发奇响，频伽来自普陀山”诗句，说的即是这只迦陵频伽鸟。自唐以来，迦陵频伽鸟频频出现于各种各样的文艺作品中，可见其身上所独有的文化现象和中国传统文化的融合。

伴随这只迦陵频伽盒出土的还有供奉其中的佛祖舍利，不仅为大法王寺的建立和传承找到了法物印证，同样给大法王寺披上了一层神秘色彩：大法王寺佛塔地宫中的佛祖舍利来自何时？又是谁让这只美丽的迦陵频伽鸟栖落于大法王寺？

大法王寺山门两侧门柱上的对联引起了我的注意：“法兰摩腾首创名刹觉路弘开，纪佛延禅中兴法王佛日重辉。”突然之间，我心生一念：摄摩腾和竺法兰两位高僧就是来自佛国净土的迦陵频伽鸟。因为，如果不是他们不远万里来到中国弘扬佛法，也许我们这些后来人至今还不能得闻佛法、倾听佛音了。

如此说来，这座大法王寺则是迦陵频伽鸟的化身，历经兵燹匪患，朝代的变革，一场场的法难、一场场风雨之后，总会废墟重生莲花，残垣新生菩提，使佛祖慧命得续，正法得传。而深藏于大法王寺佛塔地宫的那只迦陵频伽鸟，用千年的坚守等待佛光重开的日子，随大法王寺的衰败而沉寂，随大法王寺的兴盛而光辉，见证了大法王寺的历史传承和辉煌岁月。从摄摩腾和竺法兰两位高僧手植的两棵银杏树，再到他们开刹的大法王寺，还有佛塔地宫中那只美丽的迦陵频伽鸟，所有的一切，恰如其分地概括了大法王寺的前世与今生：前世的辉煌依然照耀今世，今世的奋斗正是永续不灭的光明。如我辈一样红尘俗世的芸芸众生，只要有心中的坚持，那只美丽的迦陵频伽鸟就会永远相伴，在般若智慧的海洋里永远不会迷失方向。

走出大法王寺，一轮明月爬上了玉柱峰，犹如佛顶的那轮佛光，又似玉盘银盏，皎洁明亮。或许明月唤醒了苍龙，大法王寺西侧的卧龙岭开始舞动起来，在如银的月光下蜿蜒起伏，倒是背后的会仙峰依然如旧，恰似禅定的老僧如如不动。远处有梵呗诵起，悠扬悠然，如山野中的牧童小调，唱的是僧家的自在生活，颂的是禅家的无忧无虑。这一切，如一块过滤尘埃的精纱滤布，置身于其中，即可以过滤掉人间的所有烦恼和纠缠，使那一个个疲惫的灵魂入无限的清静之中，精神为之焕发，心情为之欣悦。渐行渐远间，大法王寺慢慢地隐身于夜色的暮霭中。回望嵩山玉柱峰，那轮明月却随我而来，为我照耀着前行的路……

巩义慈云寺：闲进释源听梵音

“汉明帝永平七年，有僧摩腾、竺法兰始建白马寺于洛阳城西，既而云游其山，因其山川之秀，遂开慈云禅寺。”《重修青龙山慈云禅寺碑铭》，由明代进士、河南府知府虞廷玺撰文，朝议大夫、洛阳名士杨铭书丹。如今，这块石碑依然在位于巩义市青龙山的慈云寺内。也就是因为石碑上记载着的这样一段话，把慈云寺的历史一下子拉向了中国佛教之始。

那一年，摄摩腾、竺法兰两位高僧身居皇家客栈鸿胪寺内译经已久，为让精妙的佛法走入民间，他们如当年佛祖沿恒河寻找清静之处传法一样，离开了鸿胪寺，沿着群山中的青龙河一路向东而去。当两位高僧顺河走到如今巩义市的青龙山时，看到一块“形如满月”的高地祥云缭绕，佛光生辉。驻足细看时，大大小小有53座山峰把高地环绕，青龙河在这儿停顿了一下，形成了一个静静的湖泊，如佛祖智慧而慈悲的眼。这湖将眼前的这块“形如满月”的高地映出万丈光芒。

摄摩腾、竺法兰两位高僧的到来，顿使青龙山灵地宝气，生霞蔚之光；众生蒙沌得开，佛法得以导航天下苍生。“躬荷畚锸，亲执斧斤，诛茅斩茨，辟云构烟而成寺”，摄摩腾、竺法兰两位高僧以佛祖释迦牟尼之名召唤天下苍生皈依，用佛法的正信释疑天下名利之心，以僧宝的愿力开辟佛家道场普度众生，开始了慈云寺传法之路，成就了慈云寺的“释源祖庭”之名。

因为摄摩腾、竺法兰两位高僧用白马驮载而来的佛经和佛像，才有了佛法落土中原。这个发生在汉明帝永平七年（64年）的故事，从摄摩腾、竺法兰两位高僧白马寺（又名鸿胪寺）译经始，一路向东延伸，到了巩义的青龙山，到摄摩腾、竺法兰两位高僧在青龙山开辟慈云寺，才正式开启了佛教在中国的发展与传承的历史。

在中国的佛教史上，汉明帝的“外交部”鸿胪寺转身为佛家的白马寺，是官家办佛教道场的开始；慈云寺的出现，则是以僧宝之力聚拢天下信徒，将佛教道场由官办转民办的开始，佛法也由此时开始正式进入民间，让我们这些芸芸众生中的草芥人物有机会去印证佛祖走过的路，让我们的灵魂归于西方的净土。

在中国，叫慈云寺的佛家道场很多，“慈云”的意思是佛之慈心广大，犹如大云覆盖世界众生。青龙山慈云寺正是在这种广济天下苍生的愿想下修建而成。从印度走来，得到汉明帝青睐的摄摩腾、竺法兰两位高僧，身居鸿胪寺主持译经工作，享受和大理寺、内务府、太常寺、光禄寺、太仆寺等相当于“正部级”干部的荣华富贵。按俗家说法，这时的两位高僧“骏马任骑，高官得做”，岂不是扬扬得意乎？不说是乐不思蜀，即使是为了译经事业老死终生也能名垂青史了。但是，作为一个佛教徒，他们的最高追求是弘扬佛法，普度众生，酒池肉林中的鸿胪寺显然并不能实现他们传播佛法的目的。于是，他们走出了鸿胪寺，走出了天子脚下的洛阳，一步步地把佛法传向众生，扎根中原沃土。

确实是佛国宝地，穿过青龙山风景区的山门青龙关没有多久，就可以看到苍翠青山中的红砖绿瓦、绿水圣潭边的黄墙龙脊。犹如行走在山间的隐士，随着汽车高行低回，慈云寺也在青山绿水中若隐若现，神龙见首不见尾，让我辈凡夫俗子顿生向往，心性带虔诚朝拜而去。汽车行至慈云寺，站在慈云寺前的广场上放眼望去，你可以发现整个寺院坐北朝南，主体建筑一阶阶地附着山体增高，从低处向高处看，慈云寺的建筑大有天上琼楼玉宇之势。在群山环抱之中，慈云寺梵音袅袅，钟磬绕梁，念佛之声不绝，慈悲之行传承。

无论是青龙山上的一草一木，还是慈云寺脚下的瓦砾片石，以及飞鸟游鱼、昆虫野兽，早参弥陀诵经声，晚修僧侣涅槃法，皆可参悟佛法，证得佛性。有高僧咏慈云寺曰：

慈云深处慈云寺，
寺隐云间深处幽。
猿鹤不来松影静，
清音输于老禅流。

“猿鹤不来松影静”，再清静的道场也有喧嚣顿起的时候。多年之前的一个春天，我在淮阳县的遇佛寺皈依，守菩萨戒，成为了佛家弟子，欲脱离红尘不问俗务。后来，我回

慈云寺 郑泰森摄影
巩义慈云寺始建于汉，所称慈云，是说佛之慈心广大如云，荫庇世界。

到郑州，跟了曹长安先生做企业的副总经理，再次陷入了红尘之中不能自拔。面对琐碎事务，尽管秉持菩萨戒律不敢松懈，有些时候却不得不过问红尘之事，难以守正，只有感慨世事无常而生惭愧。

偶然看到巩义人阎兴业所写的《慈云禅寺》，其中有这样一句，曰“闲进释源听梵音”，顿生许多的感慨来。在我们的一生中，要适应各种各样的工作和生活方式，每一种工作和生活方式都有着不同于别的烦恼，也就是这些烦恼促使我们在人生的旅途中不停地奔波，难得有闲下来的机会，所以才有了“偷得浮生半日闲”的矫情。回望这几年走过的路，所有的烦恼都是因了自己的选择而生，即使当初的皈依不也是想在红尘俗世中得片刻的清闲吗？

其实，“闲进释源听梵音”，对我们来说是一种缘分，更是一种福分。

西华龙泉寺：龙泉寺内证善果

家乡淮阳县和西华县近邻，不仅是老百姓之间有着扯不断连着线的亲戚，就是那历史传说，也有着不可分割的故事。比如伏羲和女娲，因了天降洪水，两兄妹结成了夫妻，成了人类的祖先。到如今，供奉伏羲的道场太昊伏羲陵在我们淮阳县的北关，而供奉女娲的道场女娲城却在西华县的思都岗村。

这是我第一次来到思都岗村。也算佛缘殊胜吧！作为皈依佛祖的弟子，这次思都岗村故地重游，竟然成了我朝拜佛祖之行。远远地看到一座红砖绿瓦、黄墙金脊的古式建筑，以为是已经改造过的女娲城，没想到，走近看时，竟然是一座佛家的道场，威武高大的山门前，写着三个烫金大字：龙泉寺。

我的一个朋友在西华县做领导时，为恢复龙泉寺做了不懈的努力。每每听他讲起，心中总是敬佩不已。所以，对西华县的龙泉寺我可谓是耳熟能详，虽不能至，然心向往之。天下以“龙泉”命名的丛林道场很多，西华县的这座龙泉寺却关乎传播中土佛教的兴旺与衰败。洛阳白马寺、巩义慈云寺，再加上西华县的龙泉寺，这三座佛教的丛林道场，正是西来佛法在东土由庙堂之上转而进江湖之远，正式开始传承与发扬的明珠，也印证了佛教在中国传法的不易和佛教徒为传承佛法、弘扬佛法付出的心血和汗水。

汉明帝永平十五年（72 年），摄摩腾和竺法兰两位高僧离开慈云寺后，定是在如今郑州的尖岗水库坐船沿贾鲁河一路向东传法的，经中牟、开封、尉氏再到西华县的思都岗村，到达了丹凤山。从地图上看，慈云寺往东就到了邙岭地带，沟壑纵横，尽是杂草丛生，土岭伫立，近似黄土高原味道。那时候的丹凤山如同现在的邙岭，而贾鲁河则在丹凤山前绕了一个弯，把丹凤山牢牢圈定，在贾鲁河和丹凤山之间形成了一块小平原。再加上从丹凤山中喷涌而出的两条圣水，

龙泉寺 金国明摄影
西华龙泉寺是豫东保存较好的古寺之一，同女娲城每逢农历初一、十五合成庙会。

以及小平原前的一处龙泉井，把这块小平原装点得如同佛国净土一般。“竺法兰取枯枝插入地下，即刻生芽冒绿”，摄摩腾和竺法兰两位高僧法喜圆满，决定在此再辟道场，聚众阐教，名龙泉寺。

沧海桑田，高山变成平地，官道踩踏成河。千年过去后，或因黄河水的泛滥，丹凤山屡被冲刷渐趋变平，或因地质变化神差鬼使，沟壑纵横的黄土丘陵变成了一望无际良田千顷，丹凤山其“山”之高仍存于“岗”，被思都岗村替代，贾鲁河几经改道却没有离开思都岗村。龙泉寺内松柏林立，幽深静穆，每天晚上，当风从贾鲁河吹来，大殿上的风铃便会传出悦耳清脆的铃音，警醒着人们珍惜如梭的时光。

1938 年 6 月，那场至今依然纠缠不休的黄河花园口决口事件，使黄河之水奔涌而下，几乎淹没了整个豫东，但到龙泉寺时却打了个漩儿掉转头而去，让寄居在龙泉寺里的灾民躲过了劫难。可是，后继而来的战火还是洗劫了龙泉寺，加之兵患匪劫，龙泉寺道场不宁，香火日渐颓废，昔日的雕梁画栋剥脱，庄严法相坍塌，只留下见证历史的石碑几块。

恢复建设龙泉寺之初，我的朋友曾到处游说仁人志士捐资助建，还到名刹宝厢请来了道德高僧主持龙泉寺教化众生。经过一番努力，先是依历史记载恢复了大雄宝殿，并根据文献找到了大雄宝殿东南角因之成就“龙泉寺”寺名的龙泉井。经过挖掘，发现井口直径约有 50 厘米，井壁全部用青石块砌成。经过淘井工的清淤深挖，现在的龙泉井井深十多米，其水甘冽。为纪念这一盛举，龙泉寺在龙泉井上面修建了一座仿古的六角凉亭，根据县志记载的图案，雕刻出巨龙戏水木雕进行装饰。

如今的龙泉寺已经整修得初具规模，走进龙泉寺山门，迎面就可看到一座慈祥端庄的滴水观音铜像。我们到龙泉寺的时候，已近黄昏，滴水观音沐浴在一团夕阳的余晖之中，如佛光映照，使整个龙泉寺倍加端庄肃穆；滴水观音身后的大雄宝殿内烛光闪烁，佛香浓浓，住持正在做晚课，喃喃的念佛声萦绕在整个龙泉寺内，让每一个走进龙泉寺的人都能沐浴到佛的恩泽；介于大雄宝殿和滴水观音铜像之间的龙泉湖清澈见底，如佛的眼睛观察着人间俗世，微风徐来，那荡漾起的波浪则是喻示着人间的坎坷，细密而无所不在，才有绵绵不断的烦恼与无奈。龙泉湖内信徒们放生的鱼和湖边信徒移栽的柳却活得自在，任是龙泉寺内人来人往自无视所在，只顾徜徉在自由的世界。

朋友自称是个无神论者，对佛、道、儒、真主、天主等诸教从不朝拜，却积极于佛教道场的建设。他在离开西华县到我的老家淮阳县履新后，更是积极促进淮阳县遇佛寺的建设。我和他结缘以来，他多次和我说起他的愿望，就是要把遇佛寺扩建成一个旅游的景点，不仅使我佛弘法有处，繁荣佛学文化，还可以带动淮阳县的旅游事业发展，造福于当地百姓。朋友以造福人民之信念来建设佛教道场，岂不是最大的功德？

如此，便是摄摩腾和竺法兰两位高僧所传佛教的真谛之一吧。

伊川净土寺：为问玄奘何处去

在伊川县的净土寺，我们再次发现了摄摩腾、竺法兰两位高僧的足迹——受朝廷之邀离开白马寺，一路向南到了洛阳南郊的皇家园林广成泽游玩，来到了如今净土寺所在的伊川县水牛沟村。

只是当年的水牛沟还不叫水牛沟，而是因鸾浴其中被称为“鸾浴沟”。这是群山中一条普普通通的溪流，穿梭于一座座山峰之下，悄无声息地流淌着寂寞的岁月。溪水清澈见底，可见鱼戏其间。高高低低的杂树生长在鸾浴沟两岸，洁白的岩石上，则是鸾鸟的天堂。时而鱼翔潜底钻入水中觅食，嬉戏沐浴于溪水之中，时而鸟展翅飞翔于蓝天之中，发出悦耳的和鸣。站在鸾浴沟前，摄摩腾、竺法兰两位天竺高僧为这天邑灵囿惊叹，从而在此开山建寺。汉明帝刘庄下旨将四周 300 多亩耕地赐为净土寺的寺产。历经浩劫，到民国时期，净土寺还居住有 300 多名僧宝弘法利生。因佛祖保佑，恩泽四方，为避战乱和匪患，人们聚寺而居，很快就形成了一个村落，改鸾浴沟为水牛沟，喻意为人丁兴旺之地。

或许是心中不诚的缘故吧，多年前的晚冬，我站在净土寺时，却没有摄摩腾、竺法兰两位天竺高僧那么幸运，不仅没有见到鸾鸟翔舞于水牛沟畔，也没有见到古树参天的神秘，进入眼帘的是满目的白雪，还有那沟底的乱石杂草。眼前的净土寺更是显得苍凉，与其说这是一座古老的寺院，倒不如说是一处破败的无人居住的农家小院。在这里，你看不到书中所描写的七堂伽蓝的金碧辉煌，更感受不到佛家圣地的雄伟壮观，进入眼中的是坍塌的院墙、红漆脱落得斑驳陆离的大门。晨钟暮鼓不再，只听到北风呼啸，飞檐挑角的殿堂成了模糊的身影，还有听到人们的脚步声时，“呼哧哧”从屋檐下的鸟巢中飞出麻雀无数。

站在净土寺门前，我犹如听到了清人张文德在净土寺的吟唱：

晚来汲露煮茗芽，
古寺无人犬护家。
座上真文余贝叶，
阶前云气绕昙花。
蒲团半纳随藜杖，
舍利多珠隐木瓜。
为问老僧何处去，
白云深锁众峰斜。

这首名为《春日游净土、清凉、金山诸寺》的诗，今日再读时依然是那样的沧桑如故。破败的寺院中哪里还有老僧的身影，佛家威仪顿失，昔日盛誉已无。倒是大雪封了紧锁的山门，把净土寺幽禁在静寂之中，使之佛缘未泯，代有传香。几只野犬在山门前的雪地上转来悠去，却也在默默地悟着禅家的大道。

走进净土寺即刻被迎面而来的寒风激了个寒战，空旷的院落里白雪如毯一样铺满了净土寺的角角落落，从山门到天王殿的甬道上是一株株如罗汉般的松柏，寒风吹来时不时摇曳着愤怒的身躯。野狗从山门外窜进来，不待人们呵斥，已经迫不及待地跑进了院落的深处。走进天王殿，抬头可以看到精美的壁画依稀，端庄的佛祖，嚣张的罗汉，还有些飞舞的伎者，让人感受到些许的敦煌氛围。可惜的是那些雕梁画栋的尽头油彩脱落，可以看到梁檩脱榫开裂的迹象，外面的风吹来时，好像这些梁檩承受不了大雪的重压，整个殿宇似乎都在摇晃。

净土寺　张晓理摄影
伊川净土寺隋唐时为皇家寺院，玄奘在此出家多年后，前往长安，后西行求法。

净土寺是当年玄奘法师初度空门的宝刹。据唐太宗李世民亲撰的《大唐三藏圣教序碑》以及明嘉靖十一年（1532年）《净土禅寺记》记载，在玄奘法师出家之前，俗名叫陈祎，他的哥哥陈长捷已经在伊川的净土寺出家。陈祎五岁的时候母亲宋氏去世，到隋大业六年（610年），陈祎因父亲陈慧撒手人寰没有了生活来源，就从偃师陈河村出发来到伊川的净土寺寻找哥哥，并在净土寺皈依佛门，做了一名小沙弥。

在净土寺期间，陈祎熟读了《法华经》《维摩经》以及其他佛教经典著述，并有所参悟，为他今后佛学道路上的修行打下了扎实的基础。隋大业八年（612年），隋炀帝派出大理寺卿郑善果到洛阳剃度27名僧人，发放正式的官方度牒。陈祎因为年龄小不能报名参加应试，只好徘徊在考场外面。郑善果看到陈祎仪表不凡，善根频现，就和陈祎进行了交谈。陈祎告诉郑善果，他的志向是“远则继承如来遗志，近则弘扬光大佛法”，郑善果认为“诵业易成，风骨难得，若度此子，必为释门伟器”，破格剃度了陈祎成为正式的和尚，取法名玄奘，师从景法师在净土寺学习佛法，直到19岁后出长安到西域求法取经。

就这样，走进净土寺，我们会看到那个不畏艰难险阻西天求法的玄奘法师，正在佛堂前轻击木鱼，那孤灯的清冷也没有松散少年和尚的弘法志愿。可以说，因为有了净土寺，才有了闻名于天下的玄奘法师；因为有了玄奘法师，净土寺也成为了佛教徒心中的圣土。

离开净土寺时，天上再次飘起了雪花，一会儿的工夫就下了有十多厘米厚。从净土寺走出来再回头看时，留在净土寺中的脚印很快就被积雪覆盖，把整个净土寺掩映在一片洁白之中。这个时候，我突然想到了鸾浴沟的传说，“洁白的岩石上有鸾鸟起舞，恰是人间净土”，如今的净土寺展现在我眼前的不正是净土吗？尽管没有佛前氤氲缭绕的香烟、不绝于耳的诵经声，以及钟磬绕梁的法事活动，然而仅是这片洁净的雪就足以让人的心灵得到一次彻底的洗涤，从而放下红尘欲世中的烦恼。

站在山门前，我似乎看到了远处那个从洛阳走来的少年陈祎，迈着坚实的步子走进了净土寺；看到了那个老成持重的玄奘法师迈着沉稳的步伐走出了净土寺，走向了西天取经之路；也看到了登上皇家法坛推广佛教学说的玄奘法师，向天下人讲解他心灵透彻的人生。

少林采风旧事

撰文 芦雅萍（漯河）

为创作《十三棍僧》《少林禅机》等少林传奇小说，我曾在十年间几度游走于僧俗之间，对少林寺、少林武术和少林弟子，感到了莫名的神奇，产生了莫名的迷恋。少林寺并几处下院，如三皇寺、初祖庵、法王寺等，是我常来常往之处。其中，给我留下印象最深的，就是初祖庵的几位尼师了。

一

初祖庵立于达摩洞所在的五乳峰山脚下，建于北魏年间，迄今已有一千五百多年。过少林寺，往西走一公里，就可以看到初祖庵。站在庵后，山巅的达摩像和达摩洞便隐约可见了。

初祖庵住有十几位尼师，有专修武术的，有专司护法的，也有主修禅医的。

尼师们的寮舍设在大殿后幽静的院落。院中种着花草，地总是扫得很干净。

五乳峰晚霞 李长现摄影

她们每天天不亮就开始上殿唱颂，黄昏时分，再一次上殿唱颂。伴奏的乐器有木鱼、钹、磬等。众尼师和众居士双手合十，一遍遍地围着佛祖缓缓而行……

聆听着这宁静超然的佛音，我的灵魂也随之轻扬入净空……

我感动流泪。山外是一个多么浮躁和物欲横流的社会，山中却还有着这样一群人，为着度人度己的遥远信仰，宁肯忍受着常人所不能忍的冷清，天天如此，年年如此……

起初的几天，除非我主动招呼，她们从不大理会我，神情淡淡的，不卑也不亢，更不肯多说。感觉她们对我虽然客气有加，却决不是亲切。

也许，对于这一群身着灰布僧衣的尼师而言，一个长发飘飘且一身时尚的女作家，突然闯入她们平静的庭院和生活，自然有些不大协调和不大习惯。她们多是社会上的苦人儿，或因儿女，或因病痛，或因丈夫的事情，回避红尘，来到寺院，修信佛法，以求来生。那些居士稍好些，家长里短的，更愿意和我交心。

初到山寺，每到夜晚，我会一个人坐在大殿后通往众尼寮舍的青石平台上，独自深思。

初秋山寺的夜，一勾下弦月挂在前大殿的檐角。月下，远山的轮廓，幽黑的树丛，越发令人感到某种神秘的幽寂。幽寂得令人心慌。偶尔有山鸟被月光或是山风惊飞，纺织娘不停地鸣叫，夜莺成夜地啼啭，真有一种遁入远古、青灯古佛的感觉……

山寺的夜，越发让人感到孤独，也越发令人神思泉涌。

月下，我在想象：这些正当青春的尼师们，她们一个一个到底是因何出家？每个人出家前后，都有着什么悲喜辛酸和曲折感人的故事情节？

二

九月的夜晚，偶尔还是有些燥热。

这一天已是我入寺的第四天晚上了。我从山下回到初祖庵时，天已经黑了，幸好，有素喜老和尚领养的一只流浪狗，名叫欢欢，天天陪着我上山下山。

欢欢认得少林寺几处下院的所有的人，我采风爱独来独往，有了这只狗，自然胆儿壮多了。我贿赂它的，是它从未吃过的美味——一包双汇火腿肠。

这晚，当我爬上初祖庵前高高的台阶，带着欢欢推开寺院虚掩着的山门时，迎面看见七八位尼师全都坐在月光下的一方练武用的大海绵垫上聊天乘凉。

我把从山下带的水果拿出来让她们吃。

她们却说："先供佛，明天再吃吧。"

我忙让两个居士把水果拿出一部分去上殿，另外一些葡萄，我在水房冲净了，说葡萄不能放，让她们趁新鲜吃。然后挤坐在她们几人坐的练功垫子上，和她们闲聊起来。

这一晚，我们僧俗之间，第一次显得亲切友好。大家谈天说地，我觉得，这一晚，我离她们的心很近。即使出了家，做了佛徒，平时低眉顺眼，往深处看，原来，人的个性还是千差万别的。

寺里有位女尼，法名恒悟（化名）。那晚，我正好和她紧挨着坐在练功垫上。

恒悟有二三十岁的模样，生得小巧玲珑，爱说爱笑，属于性格爽直的一类。恒悟和我主动聊起天来，说我没到寺院之前，她便听说，一位写少林传奇系列的女作家要来寺里住几天。

她主动说起了一件事，我才知道，原来，恒悟自小练武，出家前竟然是我叔父的学生！这位身段瘦小玲珑的女子，这位已经剃度的尼师，原来，竟还得过全省女子武术单项冠军！出家前，她是一位武术教练，现在是少林寺极少的女护法武僧之一。

听她说着，我心里最大的一个谜就是：她为何出家？莫非也是为情所困？我在思量。

我反复求她表演一段拳法。她不肯。后来，经不住我再三请求，终于在月光下打了一趟拳。

矫健敏捷里透出一种犀利威烈，我震惊了！

往日，常看大僧（男和尚）打拳，看二僧（女和尚）演武，我真是平生第一遭！

天哪！这样一位英姿飒爽的女中豪杰，性情又是如此的豪爽率真，真算得上脂粉队里的英雄！怎么看也不是那种成天卿卿我我的小资之辈啊，她怎么还会有想不开和过不去的事？

我越发心存疑惑，也越发想知道答案。

我半开玩笑半叹息道："唉，你有这一身好功夫，若是在俗世上，嫁了人，决挨不了男人的打。"

谁知，话音未落，另一位也是快人快语的尼师接过话头："不挨打？打得更狠些！"

"啊？"我听出了接话尼师的话外音，"怎么？你是个武术教练，还得过全省女子武打冠军，谁打得过你呀？"

接话的那位尼师又说："那咋？女教练还能打得过男教练？他男人也是冠军。"

原来，她出家前嫁了个男教练，又酗酒，又乱来，对她张口便骂，出手就打，她一还手，他打得更凶……

"啊？"这可真应了佛的一句话，不是冤家不聚头。

"一桩孽缘，前世造下的。"有位尼师低声说，"总算了结了。"

我默然无语，心里却是一阵的戚然和叹惋。

恒悟却一点也没有忧戚，仍旧嘻嘻哈哈和众人说笑。

月光，静静地穿过银杏树斑驳的树影，照在她们身上。身后，是千年古老的大殿；对面，是群峰的山影……

三

比起她们，我真的是多了点伤感，少了些超然。

天下女人，一样水做的骨肉，一样容易为情所困，也一样容易为情所伤。

和尼师们相处久了，渐渐地发觉，原来，她们之中，竟然大多都曾为情所伤、为情所困过。

之后的她们勘破迷惑，毅然削发为尼，开始远离凡俗，开始了另外一种生活。

其实，爱情，说穿了，只不过也和宗教本身的特质一样，只是一种异常美丽却异常遥远的梦想罢了。它像彩虹，是那么迷人，却也是那么易散……

在寺里的十多天，我深深地为她们超然于世外的宁静，为她们对佛的虔诚，也为她们的纯朴而感动。

虽说如此，我还是感到，她们十几个人明显营养不良：她们全都十分清瘦，脸色有些黄。她们每天吃的饭中，除了戒律限制的不准有大小五荤和腥膻之外，蛋奶也是不可以沾的。而且，她们的饭菜好像也是能简单就简单。除了遇上宗教节日，居士们都上山来，平时，菜的花样也不是很丰富。即使做河南这一方最家常的汤面，因为不能用香料，也不能用葱蒜，不炝锅的面成了水煮面，便没了味道。

我思量，如何才能在我住在寺里的这些日子里，尽可能改善一下她们的营养？

荤腥不可，油、豆制品应该没有问题吧？于是，我叫上几位跟随恒悟尼师学武功的俗家弟子下山了。山下的小集市上，什么都有，豆腐、豆芽，各种新鲜蔬菜，收拾了一包又一包上山。回到山上，我亲自下厨，指挥恒悟的弟子，为尼师们做了几天还算丰盛的饭菜：素蒸卤面，素包子……

寺里只有一口大炒锅，要两个人才能抬起来。我教恒悟的弟子把茄子切成长条，拌上面粉，放油锅里煎；煎透了，铲出来，再炸豆腐条；然后，再铲出来，开始下面条；最后放鲜菜，放油炸的豆腐条和茄子条……那天，两围粗的一口大铁锅，下了整整一大锅的汤面，望着尼师和居士们吃得那个香，真是太开心啦！

在寺里的日子，我天天下山上山，山路来回有十几里，赶集，帮厨，很快就和尼师们打成了一片。我的情感上渐渐觉得，她们仿佛是我山中的一家亲人……

初祖庵

初祖庵是宋代为纪念初祖达摩而建，属少林寺下院，现为比丘尼道场。

四

和恒道的相识，非常偶然，佛教的说法是，非常有缘分。

那年端午节，我再次到嵩山少林寺采风。

我似乎专门为着遇见她而上山，并等在山半腰一处小摊贩搭的凉棚下。

而她，仿佛是从天上飘下来的，从山顶一路轻盈而下，身着浅色的僧袍，飘飘逸逸，神情超然，一脸宁静，眉清目秀，神采过人，仿如仙子。

她的超然，她的美丽，令我惊叹！

以前我在初祖庵，从没有见过她啊？

她不是那种世俗人眼中的那种俗艳。她的美，是一种素面朝天的清丽，是一种来自灵魂的宁静、高雅和自信。

“阿弥陀佛！请问师父法号？”

“恒道。”

“刚出家吧？以前没见过。”

“刚出家不到两年。”

一搭言，彼此知是自家人。

真僧只说家常话。于是，我们很亲近地拉起了家常。

“俗家哪里？父母可好？你出家，父母同意吗？”

我是记者，又是作家，寻问，是职业习惯使然。

原来，恒道出家前，不仅曾历经过生死劫难，从鬼门关逃得性命（在张家界旅游，一辆大客车翻进深山，全车几十人，只有她一人活着），更和一般女子一样，也曾历经过情感劫难……

和丈夫一起艰难拼搏，共同创业的时候，她突然发觉，丈夫变心了，他爱上了一位有钱的女人。那个女人的财富，足以让他一下子跃上富翁阶层。

在她百般挽留无果的情形下，恒道毅然斩断痴情，去掉妄想，开始了独自的拼打。

可以想见，一个年轻美丽的单身女子，创业的过程中，会遇到多少窘困，多少挫折，多少伤痛……

她富贵过，钱成千上万地过手；也惨败过，百万金钱转眼化为乌有……

她出身于书香世家，她的大起大落，她的婚姻，她的失落，令爱她的父亲忧虑过度，六十来岁便忧郁而病故。

父亲的去世，使她剧痛，使她愧疚，令她徘徊于生与死的边缘……

在她人生最迷惘的时候，冥冥之中，仿如某种引力牵系，她来到了嵩山，来到了少林寺达摩祖师修行驻锡之地——少室山的五乳峰。

她被这圣山禅地而深深陶醉了。

五乳峰达摩塑像 郑泰森摄影

听到山下初祖庵内传的钟磬诵经之声，她突然感到了一种从未有过的宁静，一种归宿感，一种透澈和清凉感。就在参拜祖师禅悟面壁整整九年的默玄洞时，恒道突然廓清了迷惑。她辞去收入颇丰的白领职业，毅然决然皈依佛门。

五

如今的她，沉静美丽依旧，爽朗清纯依旧。

如今的她，不卑不亢，无烦无恼，笑对万物。

每天清晨，她从初祖庵一路攀爬到后山，在海拔一千多米的五乳峰山顶的达摩洞修持禅坐，接待朝圣者，为人解疑释惑。伴着阵阵润心的诵经声、沁神的梵音和晨钟暮鼓，恒道一身僧服，美丽的倩影，在山间，在林中，在溪边。她的明眸，她的笑谈，她的超然，她的爽朗，她的特立独行的情格，迥然不同于我以往结识的任何一位僧尼。

我知道的少林寺，多以禅悟为修行方式，禅武医兼修。而初祖庵的住持永梅师父门下的女弟子们，除了要修禅学医练武，更要上堂诵经。我在庵里住，常听永梅师父严格考问弟子们的功课，什么《无量寿经》《心经》《金刚经》《六祖坛经》《圆觉经》《楞严经》《维摩诘经》《楞伽经》《传灯法本》等等。

我问她，背会了几部经？

她笑起来了。

我知道，那些经文都是文言文，而恒道学生时代选的是理科。她说，她平生最怕的就是背书。

出家了，一部经，常常背得她头晕眼花。

可是，奇的是，只要师父、师爷一让她跪香，边跪边背，却往往很快就背诵下来了！

恒道 说着，呵呵地笑着。像个孩子，爽朗，天真，俏皮，可爱……

她说，她有一个梦想：有朝一日，她一定要设法振兴眼前这冷清而破旧的初祖庵，改善尼师们的生活环境。

我在庵里住过很多次。庵里的众尼师们，生活在很原始很简陋的环境里。

她们，甚至连基本的洗盥条件都没有，下山去公共浴池，一是路途远，二是作为出家人，也极不方便。

可是，她们毕竟还是一群女子啊！

我知道，终有一天，恒道会帮助她们改善基本的生存环境的。她曾受过高等教育，加上还在南方闯荡和创业多年。

告别恒道，下山了。临别，她送我八个字：看淡功名，平安健康。

山下登封小城，已是华灯初上。满眼望去，灯红酒绿，车水马龙。我游弋于人头攒动的人海，身心却仿如游魂一般自由而没有目的地飘浮着……

我是谁？我从哪里来，能到哪里去？我是在梦里，抑或梦在我心中？我不知道。

眼前心底，唯有她们那单纯爽朗的笑，那明净的眸子，仿如夜空的新月，皎洁而美丽，纯净而透明，始终在我的心海和我梦境里明净着……

转眼，日子过去很久了，真的好想她们，还有和她们生活在一起的那些日子的点点滴滴……